Copyright

« Il faut que revienne l'esprit législateur pour fonder un ordre nouveau, de nouvelles lois, afin que le monde devienne une harmonie plus riche »

Nikos Kazantzakis

Sommaire

---

[1] Extraits - Ina Piperaki « La nouvelle colère des dieux grecs », sur la situation actuelle de la Grèce, en ligne le 6 novembre 2010 ; Mezetulle : blog de Catherine Kintzler.

La crise vécue par les Européens ne s'arrêtera pas

Préambule

La première édition de notre réflexion sur la crise et ses conséquences est parue en 2011, après que la dernière crise financière, économique mais aussi socioculturelle, dans laquelle nous sommes entrés, a frappé très durement nos économies, nos concitoyens et profondément ébranlé nos sociétés.

Aujourd'hui, quatre ans après ce premier livre qui traitait de l'effacement des dettes comme la solution durable à cette crise, après de nombreuses conférences et rencontres, surtout après les événement de cette été, c'est le moment d'examiner l'évolution, des perceptions politiques, des pratiques et des mentalités. Car cette crise est la pire que le monde ait connu depuis celle des années trente au siècle dernier, et elle ne s'arrêtera pas, elle est devenue polymorphe et sa durée de non résolution est le moteur qui multiplie gravement les sources de problèmes et de difficultés. En effet, sans changement profond et durable de paradigme, de modèle de société, nous n'en sortirons jamais, et cette crise aboutira inévitablement à provoquer des révolutions populaires au niveau planétaire.

A la crise existante vient de se rajouter, la crise démocratique, la crise de la liberté d'expression, la crise identitaire et autonomiste, la crise de valeurs humanistes, une profonde crise politique, notamment en Europe, la crise des refugiés, dans un contexte historique et géopolitique mondial : tout cela produit une impasse extraordinaire. L'Europe, supposant être un projet pour la paix, est gravement mise en question par ses citoyens et rien ne démontre l' issue d'une solution : au contre, on se trouve confronter par le phénomène d'un cercle vicieux qui prend la forme d'une spirale destructive de la cohésion sociale et du vivre-ensemble.

C'est pourquoi l'analyse des raisons est certes nécessaire, mais elle ne nous apprendra guère de choses nouvelles quant au poids de la finance et à la répartition éhontée des richesses. Bien au contraire, depuis ces dernières quatre années, après la parution de notre premier livre sur la crise et l'effacement des dettes, toutes les études et travaux de recherche convergent. En visite d'Etat à Athènes le 22 octobre 2015 le Président François Hollande a déclaré qu'il était nécessaire de renégocier la dette grecque, rajoutant qu' « aider la Grèce c'était aider l'Europe ».

La phase de « maturité » de la crise est dépassée, et le temps des décisions, des vraies et profondes décisions, est en passe de l'être. Tout nouveau retard est criminel au regard de l'Histoire des femmes et des hommes qui souffrent, et des économies qui sont à bout de souffle ; « Les 67 personnes les plus fortunées sur le globe possèdent autant de richesses que la moitié la plus pauvre de la population mondiale », a estimé l'ONG Oxfam, appelant le FMI et la Banque mondiale à agir. "Les inégalités extrêmes se sont aggravées", a affirmé l'organisation de lutte contre la pauvreté dans un communiqué, rappelant que le club des plus riches comptait jusque-là 85 membres[2].

L'économiste français Thomas Piketty dans son livre « Le capital au XXIe siècle »[3], a démontré que sur une très longue période, nombre statistiques à l'appui, que « le rendement du capital est depuis longtemps supérieur aux taux de croissance de l'économie », ce qui explique clairement l'explosion des inégalités de revenus et des patrimoines. Cela veut aussi dire combien la répartition des revenus est devenue inégalitaire dans le monde, profitant de moins en moins aux citoyens et de plus en plus aux détenteurs du capital excessif, qui durant cette « guerre économique » favorise la création d'une élite financière.

Les prix Nobel Paul Krugman et Joseph Stiglitz ont indiqué combien ce livre est certainement le livre traitant d'économie le plus important depuis bien longtemps, rajoutant qu'il démolit le mythe le plus cher des conservateurs, à savoir leur insistance à considérer que nous vivons dans « une méritocratie républicaine » dans laquelle la grande richesse est gagnée et méritée. Nous pouvons aisément en déduire que si la répartition est inégalitaire à souhait, il faut en changer et donc proposer une ou des solutions radicalement différentes à celles qui ont été proposées et administrées ces derniers temps. C'est le changement de paradigme que nous avons défini comme seule possibilité pour que nous sortions de cette crise et de celles qui ne manqueraient pas de surgir si rien n'était modifié.

L'effacement des dettes - total ou partiel, publiques et/ou privées – que nous avons préconisé déjà comme solution dans notre premier livre sur la crise, est devenu encore une plus grande

---

[2] « Le Point », 9 avril 2014
[3] Le Seuil – aout 2013

évidence à la lumière des travaux et événements survenus depuis ces toutes dernières années. D'ailleurs lors du colloque sur « l'argent et l'éthique » de février 2013, le coprésident d'Attac et corédacteur du Manifeste des économistes atterrés, Thomas Coutrot, économiste et statisticien, a considéré que l'effacement des dettes publiques était un enjeu incontournable.

De son côté, même Patrick Artus directeur des Etudes et de la Recherche de Natixis et professeur à la Sorbonne, a appelé a l'été 2013 à « oser restructurer les dettes excessives », dans le temps, sans brutalité, avant qu'il ne soit trop tard, reconnaissant que le freinage de la croissance est dû au poids de la dette.

Il y a plus de 60 ans, en février 1953, était signé à Londres un accord historique sur la dette allemande qui fut alors réduite de 62,6% - la dette réclamée à l'Allemagne concernant l'avant-guerre s'élève à 22,6 milliards de marks, celle de l'après-guerre est estimée à 16,2 milliards - mais le règlement des dettes de guerre et le paiement des réparations aux victimes civiles et aux Etats ont été reportés à une date indéterminée, sans parler des dons reçus dans le cadre du Plan Marshall, cela veut dire 1,4 milliard de dollars de 1950, soit l'équivalent de 12 milliards de dollars d'aujourd'hui[4].
Un effacement une nouvelle fois refusé à la Grèce à la mi-2015, alors que fin août 2015 – en quelques jours – il était accordé un effacement de 20 % de sa dette à l'Ukraine, pays non européen ...

En décembre 2012, afin de rendre soutenable la charge de sa dette, la Grèce a racheté un gros paquet de ses propres obligations aux investisseurs privés qui les détenaient. Et comme elle n'avait pas d'argent pour le faire, c'est l'Europe qui a avancé la somme. En l'espace de quelques jours, la Grèce a réduit sa dette de 20 milliards d'euros en rachetant une partie de sa dette à l'aide des fonds européens. L'Etat grec a proposé à ses créanciers privés de leur racheter à bas prix ses propres obligations, c'est-à-dire avec un rabais très important par rapport au montant qu'elles lui avaient permis de lever, les créanciers de la Grèce ont reçu, en échange de

---

[4] Eric Toussaint, docteur en sciences politiques, est président du CADTM Belgique (Comité pour l'annulation de la dette du tiers-monde, *www.cadtm.org*) et membre du conseil scientifique d'ATTAC France. Il a écrit, avec Damien Millet, AAA. Audit Annulation Autre politique, Seuil, Paris, 2012.

leurs titres, des obligations du FESF[5], le fonds de secours européen. En mars de cette même année, quelque 107 milliards de créances détenues par des créanciers privés avaient été effacées.

Pourtant l'effacement de la dette bénéficiaire pour l'Etat, n'a pas été prévu pour le peuple qui est affligé d'une incapacité à rembourser les crédits à cause de la crise tout d'abord, et ensuite compte tenues des exigences de la Troïka, puisque la protection de l'habitation principale a été supprimée, provoquant un flux de ventes de maisons aux enchères, aggravant ainsi d'autant plus les inégalités et détruisant complètement la cohésion sociale en jetant dehors des milliers de famille dont beaucoup d'enfants.

L'Islande a décidé de réduire en 2014 en moyenne de 13% l'endettement des ménages qui représente 1,2 milliard d'euros de dettes soit 108% du PIB, par taxation des transactions financières et contribution des créanciers étrangers des banques islandaises, principalement des *hedge funds*.

La France annule très régulièrement la dette de nombre de pays à travers les travaux du Club de Paris[6], (au 31 décembre 2013, 90 pays avaient signé un accord pour 430 traitements à hauteur de plus de 420 milliard d'Euros). Par ailleurs, la France a annulé fin 2010 la totalité de la dette du Congo soit 646 millions d'Euros, (en fait, depuis 2004, 2,5 milliards d'Euros), prenant ainsi la suite de l'Italie et des Etats-Unis.

L'annulation de la quasi-totalité de la dette[7] - 90 % de quelques 10 milliards de dollars - nord-coréenne pratiquée en 2014 par la Russie pour pouvoir construire un gazoduc vers la Corée du Sud, montre que cette technique permet aussi beaucoup sur un plan économique et politique : en contournant ainsi l'Union Européenne, la Russie s'ouvre tout le marché asiatique et pas seulement en matière d'hydrocarbures.

---

[5] Le Fonds européen de stabilité financière (FESF) communément appelé Fonds de secours européen, est un *fonds de stabilisation*, sous la forme d'un *fonds commun de créances*[], approuvé par les 27 *États membres* de l'*Union européenne* le 9 mai 2010, visant à préserver la stabilité financière en Europe en fournissant une assistance financière aux États de la zone euro en difficulté économique
[6] http://www.clubdeparis.org
[7] Elisabeth Studer – www.leblogfinance.com - 22 avril 2014

Fin juin 2014[8], pour répondre à une cyber attaque qui a entrainé des retraits bancaires massifs en Bulgarie, la Commission européenne a approuvé des aides d'Etat (dans ce cas précis près de 1,7 milliard d'euros) pour compenser un choc de court terme. Mais derrière cela, il y a également un autre message qui s'adresse à l'ensemble de la classe politique européenne. Sans croissance, la Bulgarie accuse un gros déficit courant. Même avec une dette faible, la rigueur a donc été le prix à payer pour maintenir la « stabilité » de la Bulgarie. Mais ce régime sec est de plus en plus mal accepté par des Bulgares dont le revenu moyen est l'un des plus faibles d'Europe. Cela veut dire que leurs « efforts » des dix dernières années n'ont pas vraiment été payés, et que les promesses de richesse des gouvernements depuis près des vingt dernières années étaient vaines.

Pour les Européens, la crise bulgare est une véritable mise en garde : une gestion économique « par les coûts » - et par le désendettement - mène à une impasse et à une crise démocratique. Car à Sofia, comme à Athènes, à Madrid, à Lisbonne ou à Rome, c'est désormais la classe politique qui est mise en cause.

Une étude de juin 2014 de Natixis[9], *Problèmes structurels – Recherche économique du 19 juin 2014,* vient de calculer le coût de l'ampleur du fédéralisme qu'il serait nécessaire de transférer des pays dits du cœur de la zone euro, vers ceux dits de la périphérie – c'est une nouvelle expression plus sympathique que celle utilisée précédemment par certains sous le vocable « PIIGS »[10] - puisque les contraintes d'équilibre extérieur, de destruction des industries locales et d'appauvrissement important généralisé ont conduit en fait à une menace globale sur l'euro. Ce coût de transfert est chiffré à hauteur de 600 milliards d'euros, soit 10 % des pays du cœur de la zone…

En fait, c'est le prix à payer de la politique d'extrême rigueur mise en œuvre après la crise de 2008 et les longs atermoiements des autorités européennes pour contrecarrer les difficultés de la Grèce, à l'époque de l'ordre de 2,5 % du PIB européen. Aujourd'hui, la politique menée n'ayant pas été à la hauteur des enjeux, le coût à payer – si l'on accepte cette expression – a été multiplié par plus de 4. Et plus la croissance tarde à revenir, plus elle est molle, plus ce coefficient multiplicateur va être élevé. La croissance ne peut pas

---

[8] AFP Sofia 1er juillet 2014
[9] Problèmes structurels – Recherche économique du 19 juin 2014
[10] PIIGS : Portugal, Irlande, Italie, Grèce, Espagne)

revenir à un niveau adéquat si les politiques de rigueur, telles qu'elles ont été menées, telles qu'elles sont encore imposées aujourd'hui, sont la seule réponse infligée aux peuples d'Europe. Il faut au moins 1,5 % de croissance pour arrêter les destructions d'emplois et 2 % pour commencer à en créer. Les politiques européennes de rigueur interdisent en fait mécaniquement un tel retour à l'emploi. Une question à se poser est d'essayer de comprendre pourquoi on se tire ainsi une balle dans le pied ? Au profit de qui ?

Les déplacements massifs de populations fuyant les guerres et les terrorismes islamistes ont amené une partie des pays européens à mettre en pratique leur solidarité. Les flux ont « spontanément » convergé vers l'Allemagne, pays à la population vieillissante qui trouve ainsi de la main d'œuvre jeune et éduquée qui contribuera largement à payer les retraites des salariés allemands. Mais au-delà de cet effet d'aubaine, la nécessaire solidarité qui est une valeur fondatrice pour les humanistes européens, se heurte trop souvent aux capacités économiques d 'accueil de nombre de pays. Alors, pourquoi continuer à nous tirer une balle dans le pied ? Pourquoi continuer à nous imposer des contraintes de rigueur telles qu'elles rendent les vies insupportables des européens eux-mêmes et tendent à imposer au reste du monde souffrant des contraintes encore plus grandes ?

Si nous avions déjà accepté de réduire nos dettes, nous aurions aujourd'hui des possibilités démultipliées et des niveaux de croissance et de développement tels qu'ils nous permettraient d'accueillir ceux qui souffrent terriblement et fuient les guerres et les terrorismes islamistes.

C'est pourquoi en proposant de changer de paradigme nous avons mis en avant la solution de l'effacement des dettes - en rajoutant publiques et/ou privées, total et/ou partiel – car toutes les combinaisons sont possibles, et amendables, mais surtout adaptables à des situations très différentes. Lors d'une conférence à Lisbonne[11], nous avons rencontré quatre anciens capitaines ayant pris une part très active à la révolution portugaise de 1974 ; l'un d'entre eux qui fut banquier par la suite, le plus réticent que les trois autres par rapport à l'idée même d'effacement de la dette,

---

[11] Conférence organisée par l'Association « 25 Abril »

mais conscient que la rigueur dure ne donnerait rien de positif, a préconisé d'enlever un zéro a toutes les dettes de tout le monde ?, c'est-à-dire en fait à réduire tous les endettements de 10 %. Nous lui avons répondu que cela entrait dans nos propositions, et qu'ainsi les équilibres seraient respectés, qu'un appel d'air frais très important serait effectué pour relancer la croissance et la consommation, et les prêteurs auraient alors certainement bien plus de chances d'être remboursés que précédemment.

Un appel d'air d'une importance telle qu'il permettrait à lui seul de rebattre les cartes et de permettre d'envisager une autre vie pour l'humanité toute entière ; les nouvelles responsabilités qui s'imposent à nous en matière d'accueil des réfugiés doivent rendre inévitable de procéder à un effacement des dettes. C'est la dynamique de la solution que nous avons proposée il y a déjà plus de quatre ans ; les diverses évolutions récentes du monde nous démontrent que c'est à l'évidence la seule solution acceptable.

L'effacement des dettes – qui nous l'avons vu se pratique de manière courante et régulière - est une véritable arme économique, notamment en matière politique pour les pays, mais aussi en termes sociaux et de croissance pour les états et les individus, l'exemple islandais en étant assez révélateur.

Et puis l'effacement des dettes - nous le répétons publiques et/ou privées, total et/ou partiel, - n'est pas une proposition complètement nouvelle y compris sur le plan historique. Même *La Bible* [12] évoque la remise de dette comme faisant partie de la morale chrétienne ... Plus loin encore nous trouvons dans le berceau de notre civilisation, en Grèce, au VIe siècle avant JC, un exemple particulièrement intéressant d'effacement des dettes pratiqué par Solon autour des années -594, dans un contexte économique et politique dont la proximité avec celui que nous connaissons aujourd'hui est très singulier.

Un homme politique, un législateur très connu en Grèce a changé la vie de la Cité du Ve siècle avant notre ère, et a posé une pierre angulaire pour l'invention de la démocratie : le « nouveau » système de gouvernance de l'époque.

---

[12] St Mathieu 18

Voilà un homme qui a osé prendre au sérieux la notion de « gouverner » en montrant que ce n'est pas du tout plaire à tout prix ! Solon, le juste, comme il était appelé dans sa patrie et reconnu par ses semblables, a osé déplaire et aux uns et aux autres, déplaire autant aux riches qu'aux pauvres, afin de pouvoir vraiment donner du sens au mot gouverner. Car gouverner c'est essayer d'établir la justice, c'est adopter la voie « du juste milieu », faire comprendre aux gens que dans les moments de crise il faut qu'il y ait une sorte de conscience du « sacrifice commun », une sisachtie[13].

Il est évident que l'Histoire de l'Europe a démontré qu'après chaque crise, un monde renouvelé apparaît, la société suivant un nouveau rythme, une nouvelle gouvernance naissant ainsi. Sommes-nous à ce point de convergence ? Sommes-nous à un tournant de l'Histoire mondiale où un nouveau modèle socio-économique et politique nécessite urgemment d'être inventé, ou réinventé ? Nous sommes convaincus que ce moment est largement arrivé.

« Crise », un mot évidement grec de *crisis*[14] qui provient du verbe « juger » ; le moment où l'on réalise que l'on traverse une crise, c'est donc le moment d'un jugement profond. Il faut juger la réalité et prendre des décisions, faire face à la situation. Et pas simplement faire face, mais surpasser cette crise avec sagesse, avec prudence et avec discernement ; c'est à ce moment-là que nous avons compris que l'exemple de Solon a une grande valeur instructive.

L'exemple de Solon, appliqué aujourd'hui à la dimension actuelle, avec autant d'audace qu'à son époque, peut-il apaiser la nouvelle colère des dieux grecs ?

La nouvelle colère des dieux grecs[15]

L'Olympe, lieu privilégié où les dieux logent, est lié à la notion de sérénité, de pérennité, de plénitude ; c'est le terme que l'on utilise sous la dénomination d'« olympien », que l'on attribue

---

[13] Sisachtie ou seisakhtheia = enlèvement du fardeau.
[14] « Crisis » : double sens du mot, « la crise » et « le jugement ».
[15] Extraits - Ina Piperaki « La nouvelle colère des dieux grecs », sur la situation actuelle de la Grèce, en ligne le 6 novembre 2010 ; Mezetulle : blog de Catherine Kintzler.

notamment à une situation de bonheur simple, de calme, un mode de vie sans excès et authentique, « rien de trop »[16]. Un train de vie qui honore le majestueux dans sa simplicité. C'était l'espace de rencontre de civilisations, de réflexions, de philosophies multiples ; c'était l'endroit « sacré » de la naissance de la philosophie et de la démocratie ; c'était l'expérience « delphique » qui était vécue en Grèce - « utilisant la même langue depuis près de trois mille ans »[17]- contemplant le même bleu de la mer Égée, le même bleu limpide du ciel, la même lumière éclatante de la vérité absolue, de la liberté absolue de conscience. C'était la vie des dieux et des hommes, des hommes de « bonnes mœurs » comme on le définissait au temps des Lumières, des citoyens ordinaires...

Pourtant, les événements des dernières années ont troublé profondément la vie de tous les jours pour des millions de gens, de manière égale la vie publique et la vie privée. Tous vivent très mal l'enfoncement et l'enlisement de leur pays dans cette profonde crise, résultat d'une crise globale et mondiale ; une crise qui n'est pas un phénomène typiquement grec, comme les médias ont parfois voulu le présenter, mais une vraie crise internationale. Une crise qui n'est pas seulement économique et financière, mais aussi morale et par conséquence sociétale.

Nous avons alors tous pu lire des articles ahurissants concernant la Grèce, présentant les Grecs comme des « voleurs » et des tricheurs. Nous avons tous vu des statues légendaires, symboles éternels d'une beauté ésotérique profonde, transformées en objets d'insulte, traînées dans la boue par de nouveaux barbares à la couverture de magazines en faveur d'une spéculation sans précédent. On ne peut pas effacer plus de vingt-cinq siècles d'Histoire et un patrimoine culturel appartenant à l'humanité toute entière, sans que les « dieux » ne se mettent en colère...

Et s'il y a une part de vérité, s'il y a eu un comportement irresponsable du point de vue budgétaire, il ne faut pas oublier que tout cela est dû à certains responsables politiques grecs, et que la falsification des comptes publics est le fait des dirigeants d'un pays

---

[16] « Rien de trop » : devise de Solon, également un des trois commandements « delphiques » qui figuraient sur les frises du temple à Delphes. Cela signifie : « il faut avoir comme règle la mesure et éviter tout excès inutile ».

[17] Jacqueline de Romilly et Monique Trédé, *Petites leçons sur le grec ancien*, Stock, 2008.

et non pas de la responsabilité d'une nation toute entière où des personnes travaillent dignement comme tous les autres européens, voire même quelquefois plus, car les salaires grecs sont bien inférieurs tout en affrontant un coût de la vie largement aussi élevé.

Comment peut-on accepter que des nations, dans leur totalité, soient caractérisées avec autant de désinvolture comme PIIGS[18], allusion au mot anglais qui se réfère à des animaux méprisés ? Au lieu de critiquer et même de censurer (et pourquoi pas de condamner ?) des décisions et/ou des actes individuels, on se livre à la stigmatisation massive d'une nation. Plus inquiétante et dangereuse est l'évocation à peine voilée de la nature humaine de « races » et d'ethnies. On est en présence d'une version moderne du phénomène historique de la contestation de la nature humaine d'autrui ; une procédure par laquelle les membres d'un groupe de personnes appartenant à une nation rétrogradent ceux d'une autre dans le « royaume animal ». On peut s'interroger sur le respect des Droits de l'Homme que l'on évoque si souvent et que l'on respecte parfois uniquement quand cela convient.

Non contents d'avoir mis en péril des entreprises, le travail et le futur des enfants, ils ont touché à la fierté d'un peuple, un peuple qui a appris à vivre et à mourir debout, à réinventer son mode de vie, et à revivifier ses valeurs humanistes.

C'est le moment de passer à l'action : quelles sont les retombées de cette crise et comment les citoyens vont-ils agir, comment doivent-ils se comporter ?

Un modèle européen plus démocratique et plus réaliste

Nous reprendrons en citant le général de Gaulle : « à quoi sert l'économique s'il ne sert pas le social ? » Pour cela nous aimerions souligner que, très tôt après la Seconde guerre mondiale, a été conçue l'idée que, si notre système occidental est basé sur l'économique, il faut absolument qu'il soit couplé avec une conception qui comprend le social et l'humain dans toute leur grandeur. Aujourd'hui une autre étape a été franchie ; on parle de

---

[18] PIIGS : Portugal, Irlande, Italie, Grèce, Espagne (Spain), utilisé dans la langue courante des économistes ; Pigs, en anglais, = cochons.

plus en plus de développement durable, de gouvernance mondiale, de soutenabilité.

Dans cette nouvelle conception du développement durable, apparue pour la première fois en 1987, à côté de l'économique et du social il a été introduit la dimension écologique et les notions de vivable, d'équitable et de viable. De plus, 2010 a été l'année européenne de la lutte contre la pauvreté et l'exclusion sociale. L'Union européenne est l'une des régions les plus riches de la planète. Pourtant, 17 % des Européens ont si peu de ressources qu'ils ne peuvent couvrir leurs besoins élémentaires. On associe souvent la pauvreté aux pays en voie de développement, où la malnutrition, la faim et le manque d'eau potable sont souvent des défis quotidiens. Mais l'Europe aussi est touchée par la pauvreté et l'exclusion sociale. Le phénomène y est peut-être moins prégnant, y était devrait-on dire aujourd'hui, mais il reste tout aussi inacceptable. La pauvreté et l'exclusion d'un seul individu appauvrissent la société toute entière.

L'une des valeurs clés de l'Union européenne est la solidarité, un concept particulièrement important en temps de crise. Il faut encourager chaque citoyen européen à participer à la lutte contre la pauvreté et l'exclusion sociale. Comment renforcer l'Europe comme notion et mode de vie ? Comment assurer la diversité de nos nations et la biodiversité de notre environnement, réunir nos forces pour sortir de la crise, ne pas être dépassés par l'évolution économique au détriment de l'évolution sociétale et sociale ?

Un modèle plus démocratique de gouvernance européenne, combiné avec une vigilance améliorée, surtout plus humaine, permettrait de rendre les modèles de dépenses nationaux plus réalistes, les citoyens plus responsables, la croissance économique mais aussi culturelle plus tenables. L'affirmation des valeurs de citoyenneté a pour fonction d'éclairer la démarche du corps social organisé dans la cité, à travers le débat politique des citoyens. Il faut donc renforcer chez eux, et surtout chez les jeunes générations, le désir de participer à l'évolution de la cité et leur assurer que le monde peut changer, peut évoluer. Dans cet effort, les Grecs peuvent méditer sur une expérience millénaire et l'offrir à l'ensemble du monde.

La Grèce : une expérience millénaire de la crise, de la démocratie et de la réforme

Nous allons maintenant revenir aux ancêtres de ce pays, non pas pour dire combien ils étaient extraordinaires, mais pour s'instruire de leur exemple ; à nos yeux c'est à cela que l'Histoire doit servir.

La naissance de la démocratie au Ve siècle avant notre ère peut être observée – par rapport à un horizon politique au sens large du terme qui va rendre cette réforme possible et nécessaire – comme une crise politique et sociale totale, la *stasis*[19]. Les citoyens qui régissent leurs affaires sont amenés à réfléchir au meilleur système politique, à la meilleure *politeia*[20], c'est-à-dire la meilleure façon de s'organiser pour surmonter cette crise multiple.

Aux VIe et VIIe siècles avant l'ère moderne, les cités du monde grec furent confrontées à une grave crise politique. Le commerce s'était notamment développé avec l'apparition de la monnaie au VIe siècle. Ce développement extraordinaire du commerce méditerranéen a eu deux conséquences : la première, c'est que les agriculteurs grecs, peu compétitifs face à ceux de la Grande Grèce[21], dans la mesure où la Grèce est très aride et peu fertile, n'arrivaient plus à vendre leurs produits, et s'endettaient pour survivre. Et pour rembourser leurs dettes, les paysans étaient condamnés à l'esclavage.

La seconde, c'est qu'une nouvelle bourgeoisie, composée d'artisans et d'armateurs s'est développée dans les villes, grâce aux échanges commerciaux. Cette bourgeoisie a dorénavant les moyens de s'acheter des équipements d'hoplites, les soldats de la Grèce antique, et revendique plus d'accès au pouvoir et d'égalitarisme dans un monde politique dominé par les nobles.

Pour répondre à ces deux enjeux, les cités grecques durent revoir leur conception de l'organisation du fait politique. Quatre principales réformes ont été appliquées : celles de Dracon, de Solon, de Clisthène et finalement celles de Périclès. Ces réformes prirent une voie inédite qui aboutira à un régime politique nouveau : la démocratie. Contrairement à d'autres démocraties,

---

[19] stasis = le conflit entre citoyens ; l'indignation.
[20] politeia = la citoyenneté et/ou la cité.
[21] Grande Grèce : Péninsule italienne + Sicile.

comme les États-Unis ou la République française notamment, la démocratie athénienne ne naît pas d'insurrections populaires ni de ruptures ou de luttes sous leur forme moderne, mais elle s'inscrit dans la continuité de la réflexion politique ; elle naît du cœur même de la cité. Ceci peut également expliquer pourquoi le peuple grec ressent les graves troubles qui l'affecte depuis le début de la crise avec une tonalité toute particulière, ce que d'aucuns interpréteront comme une sorte de dessaisissement de leur autorité propre sur leur destin politique issu d'une continuité plus de deux fois millénaires.

Il est incontestable qu'il faut revoir le concept politique, que les gouvernants trouvent des solutions pour assurer l'unité et la pérennité de la cité et démontrer que les citoyens ont une grande dynamique. Il faut résister alors à ce, et à ceux, qui écrasent, qui « violent » la dignité humaine, qui « pillent » notre avenir et celui de nos enfants, ceux qui négligent l'Histoire et la Philosophie.

Solon : son époque et son environnement économique, social et politique

« Je décrète comme criminel tout citoyen se désintéressant du débat Public »

Solon, -600 avant l'ère moderne

Père de la démocratie et de la Constitution, Solon efface les dettes des pauvres[22]

Contemporain de Bouddha, Confucius et Lao Tseu au milieu du VIe siècle avant l'ère moderne, Solon naquit à Athènes vers -640 ; il mourut sur l'île de Chypre vers -558 à l'âge de 82 ans. Homme d'État, législateur vénéré de Platon et d'Aristote, poète, il est souvent considéré comme ayant été le père de la démocratie. Il est reconnu comme celui qui est incontestablement à l'origine d'une série de réformes accroissant efficacement le rôle de la classe populaire dans la politique athénienne, également le premier inspirateur d'une vraie constitution dans le monde. Les institutions constitutives de la démocratie athénienne nous sont connues essentiellement grâce à la découverte inopinée, à la fin du XIXe siècle après J.-C. d'une Constitution d'Athènes attribuée à Aristote, et rédigée aux environs de -330. Et enfin, ce qui n'est pas la moindre des choses, il a été le premier à oser donner une solution aux problèmes de son époque et à avoir effacé les dettes des plus pauvres.

Dans le milieu des années -590 avant notre ère, Solon sera également nommé chef de l'expédition qui permettra la reprise de Salamine, ce qui lui vaudra une immense renommée. Après avoir fait nombre de réformes parmi lesquelles les plus importantes pour établir un état de droit, mais d'autres, aussi essentielles que la réforme du calendrier et du système des poids et mesures, Solon quitta Athènes pour une dizaine d'années et mourut à Chypre.

Pour les historiens grecs postérieurs, ses poèmes étaient la principale source d'informations sur la crise économique et sociale à laquelle il tenta de remédier et d'apporter des solutions. Il est élu archonte en -594 avant notre ère, il a 54 ans, et on attend de lui qu'il remédie aux conflits dans la cité d'Athènes. Ce qu'il fera. Dans la plupart des cités grecques, les archontes sont des personnages puissants. À Athènes il avait en charge l'administration civile et la juridiction publique. Il était le tuteur des veuves et des orphelins et surveillait les litiges familiaux. Il s'occupait aussi du théâtre en nommant les mécènes et les vainqueurs des tétralogies[23].

---

[22] wikipedia.org/wiki/Solon.
[23] Tétralogie : œuvres en quatre parties, chez les anciens Grecs, réunion de quatre pièces dramatiques.

« Comme la Constitution était ainsi organisée, et que la foule était l'esclave de la minorité, le peuple se révolta contre les nobles. Alors que la lutte était violente et que les deux partis étaient depuis longtemps face à face, ils s'accordèrent pour élire Solon comme arbitre et archonte ; et on lui confia le soin d'établir la constitution, quand il eut fait l'élégie qui commence ainsi : Je le sais et, dans ma poitrine, mon cœur est affligé quand je vois assassinée la plus antique terre d'Ionie. » (Aristote, Constitution d'Athènes, II[24]).

Pour bien mesurer toute son importance, il fait partie des Sept sages[25] de la Grèce. Il s'agit d'une liste des sages politiques, sachant qu'il existe également une liste mythologique et une liste philosophique, listes dans lesquelles Solon est le seul à toujours « apparaître », et si la liste peut parfois être un peu différente en fonction des auteurs ou des citations, Solon y est toujours mentionné. Les Sept sages étaient connus pour leur sagesse pratique et leurs proverbes et maximes mémorables, et étaient tous d'anciens hommes politiques, législateurs ou philosophes présocratiques[26].

---

[24] Jules Bathélemy-Saint Hilaire, Aristote et l'Histoire de la Constitution Athénienne, Paris 1891 et Aristote, Constitution d'Athènes, Traduction Prof. B. Haussoulier, Editeur Emile Bouillon, Paris 1890.d'Athènes,

[25] Les Sept sages : La liste donnée par Platon (-427/-347), qui est la référence en la matière, montre que Solon l'Athénien (dont la devise est « rien de trop ») y côtoyait Thalès provenant de Milet (colonie grecque d'Asie Mineure), philosophe, scientifique et mathématicien à qui l'on doit l'énoncé théorèmes de base de la géométrie (devise, « Ne te porte jamais caution. »), Chilon de Sparte, philosophe à qui l'on doit la célèbre formule gravée sur le fronton de l'oracle de Delphes (« Connais-toi toi-même »), Pittacos de Mytilène, homme d'État grec qui fut choisi par le peuple pour avoir délivré sa patrie d'un tyran (« Reconnais l'occasion favorable »), Bias de Priène, philosophe, avocat et homme d'État grec, (« Les plus nombreux sont les méchants »), Cléobule de Lindos, personnage à la fois historique et mythique, était un homme politique de la Grèce antique, souverain de Lindos, l'une des trois cités de l'Île de Rhodes (« la modération est le plus grand bien ») et Périandre de Corinthe qui construisit la première rampe sur l'isthme qui permit aux navires de passer du golfe de Corinthe au golfe Saronique (ou golfe d'Egine) et d'éviter de contourner tout le Péloponnèse, ce qui lui permit de supprimer les impôts à Corinthe (« prudence en toute chose »). wikipedia.org/wiki/Sept_sages.

[26] Présocratiques : les philosophes qui ont vécu avant Socrate (Socrate naîtra en -470 et mourra en -399).

Les raisons de la grave crise politique du VIe siècle avant l'ère moderne

Comme nous l'avons déjà évoqué, au VIe siècle avant notre ère, les cités du monde grec sont confrontées à une grave crise politique et sociale, résultant de deux raisons principales : le développement de la monnaie et des échanges commerciaux et l'esclavage pour dettes. D'une part le développement de la monnaie[27] et des échanges commerciaux fait émerger une nouvelle classe sociale urbaine aisée, composée des artisans et des armateurs, qui revendique la fin du monopole des nobles sur la sphère politique ; d'autre part, l'accaparement des terres par les nobles a provoqué l'esclavage pour dettes, liant situation politique et situation financière, qui touche un nombre grandissant de paysans non-propriétaires terriens. Ainsi, l'inégalité politique et le mécontentement sont exacerbés dans le milieu rural.

Le développement extraordinaire du commerce méditerranéen, qui s'est étendu, notamment avec l'apparition de la monnaie au VIe siècle, a deux conséquences principales. D'une part les agriculteurs grecs sont peu compétitifs et de plus en plus de paysans, incapables d'écouler suffisamment leur production, sont condamnés à se vendre comme esclaves pour faire face à leurs dettes. Cette main-d'œuvre servile est utilisée par les urbains et vient donc elle-même concurrencer les petits artisans indépendants. D'autre part, ces sujets peu fortunés, sur lesquels repose une part croissante de l'économie, viennent grossir le rang des « chômeurs » et manifestent leur mécontentement.

Pour répondre à cette crise, de nombreuses cités modifient radicalement leur organisation politique. À Athènes, un ensemble de réformes amorce un processus débouchant au Ve siècle sur l'apparition d'un régime politique inédit : la démocratie pour les hommes libres.

---

[27] Le monnayage frappé arrive en Grèce vers – 550 d'abord dans les cités maritimes et marchandes, Egine et Athènes. Les premières pièces sont en électrum (alliage d'or et d'argent) puis en argent pur.

Pour illustrer le propos, le philosophe Jacques Rancière[28] a estimé que : *« La démocratie est née historiquement comme une limite mise au pouvoir de la propriété. C'est le sens des grandes réformes qui ont institué la démocratie dans la Grèce antique : la réforme de Clisthène qui, au VIe siècle avant notre ère, a institué la communauté politique sur la base d'une redistribution territoriale abstraite qui cassait le pouvoir local des riches propriétaires ; la réforme de Solon interdisant l'esclavage pour dettes. »*

En effet, les réformes de Clisthène (-508) renforcèrent l'implantation de l'égalité devant la loi, ce qui fut un des pas vers la démocratie. Les réformes de Clisthène furent appliquées après l'échec de la tyrannie à Athènes, système fondé sur une seule personne qui s'appuyait sur la force pour demeurer au pouvoir ; pour les Grecs, c'est une forme de monarchie, au sens arbitraire et absolutiste. Le but premier des réformes de Clisthène était d'empêcher qu'une personne puisse accaparer tous les pouvoirs ; ses réformes apportèrent une paix relative à Athènes et dans sa région, l'Attique.

Pour mieux se positionner dans le temps et dans l'espace il faut enquêter sur les ingrédients du mécontentement général, qui consistaient en un amalgame extraordinaire : oligarchie, concentration des richesses, esclavage.

Athènes, c'est-à-dire la ville en tant que telle et la campagne environnante, était dominée par quelques grands propriétaires terriens qui subordonnaient tout à leurs intérêts. Tôt ou tard les rares paysans demeurés libres étaient obligés d'emprunter de l'argent à l'un d'entre eux. Celui qui ne pouvait pas rembourser son créancier en espèces lui cédait une partie de sa terre, à défaut de quoi, il devait payer de sa personne en se constituant esclave. Le grand poème d'Hésiode, VIIIe siècle avant notre ère, *Les travaux et les jours*[29], est empreint de ce malheur : dureté des travaux agricoles sur les terres arides de son pays natal, rigueur de l'hiver dans les montagnes de Grèce. Il termine le récit en prédisant qu'à la fin, l'homme de la justice devient riche, tandis que celui de la démesure perd tout, une forme de maxime qui n'aurait certainement pas déplu à Solon.

---

[28] Né en 1940, professeur émérite à l'Université Paris VIII. « La démocratie est née d'une limitation du pouvoir de la propriété », interview publié par Alternative libertaire.

[29] Hésiode, Les travaux et les jours.

On comprend bien la dureté des temps dans la transcription de la Constitution d'Athènes que l'on doit à Aristote.

Tout y est :

« Après cela, il arriva que les nobles et la foule furent en conflit pendant un long temps. En effet, le régime politique était oligarchique en tout ; et, en particulier, les pauvres, leurs femmes et leurs enfants étaient les esclaves des riches. On les appelait « clients » et « sizeniers »[30] *(hectémores) : car c'est à condition de ne garder que le sixième de la récolte qu'ils travaillaient sur les domaines des riches. Toute la terre était dans un petit nombre de mains ; et, si les paysans ne payaient pas leur fermage, on pouvait les emmener, eux, leurs femmes et leurs enfants ; car les prêts avaient toutes les personnes pour gages jusqu'à Solon, qui fut le premier chef du parti populaire. Donc, pour la foule, le plus pénible et le plus amer des maux politiques était cet esclavage ; pourtant, elle avait tous autres sujets de mécontentement ; car, pour ainsi dire, elle ne possédait aucun droit. » Aristote, Constitution d'Athènes, II*[31].

En faisant allusion dans l'un de ses poèmes aux terres engagées, lorsque Solon évoque la *seisakhtheia*, c'est-à-dire la libération des dettes : *« Elle peut mieux que tout autre m'en rendre témoignage au tribunal du temps, la vénérable mère des Olympiens, la Terre noire, dont j'ai arraché les bornes enfoncées en tout lieu ; esclave autrefois, maintenant elle est libre. »*, il fustige bien ces bornes de pierre utilisées en Grèce antique pour délimiter les propriétés, et qui furent même, à partir du IVe siècle avant notre ère, également employées comme bornes hypothécaires, marquant ainsi les terres engagées envers un créditeur.

Pour lui, les *horoi* (ces bornes) sont le symbole palpable de la condition des *hectémores* : ces *sizeniers*, comme on les appelle, sont des paysans attiques qui doivent pour redevance les cinq sixièmes de leur récolte – ne conservant donc pour eux qu'un sixième, d'où leur nom. Les *horoi* marqueraient donc les terres qui, possédées par les Eupatrides[32], sont allouées *aux hectémores* et Solon aurait, au sens propre, « fait cesser l'esclavage du peuple ». Rien de moins !

En théorie, l'asservi pour dettes est libéré quand il peut

---

³⁰ Sizeniers : littéralement « ceux de la sixième partie ».
³¹ Aristote, Constitution d'Athènes, op. cit.
³² Eupatrides : littéralement, ceux qui sont de bonne naissance ; les aristocrates athéniens.

rembourser sa dette initiale. Le système, développé avec des variantes dans tout le Proche-Orient et cité par la bible[33], semble avoir été formalisé à Athènes par le législateur Dracon. Solon y met fin par la libération des dettes, l'interdiction de toute créance garantie sur la personne du débiteur et l'interdiction de vendre un Athénien libre, y compris soi-même.

De l'invention de l'état de droit à la démocratie

En supprimant les dettes, Solon[34] libère en fait les paysans et par là même, leurs terres engagées, marquées du sceau d'une certaine infamie… « *J'ai ramené à Athènes, dans leur patrie fondée par les dieux, bien des gens vendus plus ou moins justement (…), subissant une servitude indigne et tremblant devant l'humeur de leurs maîtres, je les ai rendus libres.* »

Bien que considéré comme venant d'une famille aisée, Solon a éprouvé une telle compassion pour les petits paysans qu'il a réussi à faire adopter des lois justes à leur égard ; des lois telles que sans que les grands en soient inutilement et démesurément humiliés, les dettes fussent effacées et les petits paysans habilités à devenir propriétaires. Les prêts sur la personne et autres abus de même nature allaient désormais être considérés comme barbares.

L'État de droit venait d'être instauré. Il était accompagné de réformes politiques et juridiques qui donnaient au peuple une participation réelle au pouvoir.

C'est ainsi qu'il a défini son action dans son poème fondateur, cité par Plutarque dans sa *Vie de Solon*[35], poème que nous analyserons plus avant, et en détail, car son examen minutieux est d'une grande importance pour une bonne compréhension : « *Aidant les pauvres, juste envers les gens prospères, en haut ainsi qu'en bas, j'ai placé l'équité.* »

Il s'est en fait appliqué à lui-même la réponse qu'il fit lorsqu'on lui demanda un jour quelle était la ville la mieux policée : « *C'est répondit-il, celle où tous les citoyens sentent l'injure qui a été faite à l'un d'eux et en poursuivent la réparation aussi vivement que celui*

---

qui l'a reçue ». Cette description de la solidarité, ce combat contre l'injustice est la clé de sa recherche incessante de l'équité, qualité qui mériterait à elle seule de longs développements, y compris pour mieux comprendre encore l'action de Solon.

Une équité qu'il définit dans ces termes et par l'exemple : « *Les hommes gardent les conventions qu'ils ont faites entre eux quand aucune des parties contractantes n'a intérêt à les violer. Je ferai donc des lois si conformes aux intérêts des citoyens, qu'ils croiront eux-mêmes plus avantageux de les maintenir que de les transgresser.* »

On serait fidèle à l'esprit de ces lois en disant que nul ne devrait recevoir l'aide de l'État sans être tenu en retour de rendre des services à la société. « *Je décrète comme criminel tout citoyen se désintéressant du débat Public.* »

Comme l'écrivait Maurice Druon[36] on entend trop souvent dire « *moi, je ne fais pas de politique... je ne m'intéresse pas à la politique... je me tiens en dehors de la politique...* », comme s'ils se décernaient un brevet de sagesse ou d'honorabilité en refusant de participer aux affaires publiques. À Athènes, celui qui, dans une guerre civile, « *n'avait pas pris les armes* » avec un des partis était privé de ses droits civiques ; il perdait sa qualité de citoyen. Cette loi avait été formulée par Solon, pour éviter que, dans les conflits qui, souvent, divisaient l'État « *certains citoyens, par indifférence, ne s'en remissent au hasard des événements* ».

En fait ce qui est important de souligner c'est que nous sommes tous responsables de l'évolution de la société ; l'indécision n'est pas permise quand il faut se déterminer. En poussant plus avant, on pourrait dire que l'abstention au moment du vote n'est pas acceptable : on vote « oui » ou « non », favorablement ou défavorablement, mais on ne s'abstient pas.

Cependant, Solon ne fit pas de réforme agraire, autrement dit, il ne redistribua pas la propriété des terres, bien que les pauvres l'attendaient.

---

[36] Maurice Druon, Le pouvoir, p.30, (Notes et maximes), Hachette, 1964.

Dans la *Constitution d'Athènes* écrite par Aristote, on peut lire à propos de ceux qui voulaient qu'on leur partageât la terre : « *Ceux-ci venaient ardents au pillage et avaient de riches espérances : chacun d'eux croyait trouver une grande fortune, et, malgré la douceur de mon langage, ils pensaient que je laisserais voir bientôt la violence de mes projets. Vaine pensée ! Maintenant, pleins d'irritation contre moi, ils me regardent de travers, comme un ennemi. Et pourquoi ? Les promesses que j'ai faites, je les ai tenues avec l'aide des Dieux. Quant au reste, je n'ai pas agi sans raison : il ne me plaisait pas de rien faire par la violence de la tyrannie, ni de voir les bons et les méchants posséder une part égale de la riche terre de la patrie.*[37] »

Concernant les réformes politiques, il mit en place l'*Héliée*, le tribunal du peuple, principalement une cour d'appel. Tous les citoyens eurent accès aux jurys par tirage au sort. Solon fit une autre réforme d'importance : il étendit le droit de défense et d'accusation à n'importe quel citoyen. Solon a aussi écrit un nouveau code de lois, qui concernent ce que les catégories modernes nomment droit privé, droit criminel et procédure légale. Les lois de Dracon[38] sont abandonnées, à l'exception de celle sur le meurtre.

Avant Solon, il existait alors quatre groupes socio-économiques à Athènes et le système politique était l'oligarchie :
– les aristocrates, ou Eupatrides, composés des propriétaires fonciers les plus riches ;
– les *gémoroi*, constitués des autres propriétaires fonciers ;
– la classe populaire, qui compose le reste de la population et vit de son « salaire » ou du commerce ;
– les esclaves considérés comme des biens et non comme des hommes libres.
Les reformes de Solon ont en fait inauguré un nouveau système politique qui s'appelait la « timocratie »[39], qui a diminué le rôle prépondérant des aristocrates et a donné plus d'importance au pouvoir économique. Il a aboli les droits politiques exclusifs des

---

[37] Aristote, Constitution d'Athènes, op.cit.
[38] Dracon : législateur du VIIe siècle, avant Solon. Il rédige ses lois en -621 avant l'ère moderne. Ce sont les premières lois (thesmoi), écrites de la cité. Pour que personne ne les ignore, elles sont affichées sur des panneaux de bois, conservés presque deux siècles. Elles apportent au moins deux innovations : le droit est désormais écrit, au lieu d'être oral, et il peut-être ainsi connu de tous.
[39] « Timocratie », provient du mot grec, « timi », c'est-à-dire « le prix ».

eupatrides ; ainsi, des hommes libres, Solon, tire-t-il quatre classes censitaires, définies par un critère de richesse. D'après le nombre de mesures de blé, de vin et d'huile que le citoyen possède, il appartient à l'une des quatre nouvelles classes sociales :

– les *pentakosiomedimnoi*, 10 % des citoyens, sont ceux qui peuvent tirer de leur richesse plus de 500 mesures de produits secs ou liquides (blé, vin ou olive) par an ; ils peuvent accéder à toutes les magistratures et ils dominent, du fait de leur éducation, l'art du discours ce qui leur permet de participer à la vie politique. Très riches, ils équipent les trières, ces navires de guerre à trois rangs de rameurs superposés.

– les *hippeis*, ou cavaliers, 20 % des citoyens, sont ceux qui pouvaient tirer de leur richesse plus de 300 mesures par an. Les *hippeis* peuvent accéder à la magistrature.

– les *zeugitai*, 20 % également des citoyens, sont ceux qui pouvaient tirer de leur richesse plus de 200 mesures par an ;

– les *thètes*, 50 % des citoyens, sont ceux qui ne pouvaient pas tirer de leur richesse plus de 200 mesures par an. Thète signifiait un employé sans propriété, ou un journalier, en fait l'essentiel des rameurs des trières.

Le critère pour être éligible est maintenant fondé sur la fortune produite, pas directement sur le capital, et surtout plus sur la naissance. Seules les trois premières classes, autrement dit les plus riches, soit 50 % la population, peuvent accéder aux magistratures. Par contre, toutes les classes ont accès à l'assemblée du peuple, l'Ecclésia, et au tribunal, l'*Héliée*.

Par ailleurs, il faut signaler que la classe sociale la plus pauvre et la plus nombreuse, les Thètes, a pour la première fois des droits politiques en votant dans l'Ecclésia. Tous les Athéniens en créant un corps civique, l'assemblée du peuple, le *« demos »*, exerçaient le pouvoir dans le cadre de l'Assemblée appelée l'Ecclésia[40].

La démocratie athénienne de Solon était caractérisée par l'iségorie, tous les citoyens avaient le même temps de parole indépendamment de leur classe sociale ; l'isonomie, tous étaient

---

[40] L'Ecclésia : elle est composée de tous les citoyens ayant achevé leur service militaire et jouissant de leurs droits civils. C'était l'assemblée des citoyens qui se réunissait sur la colline de la Pnyx. La souveraineté de l'Ecclésia la place au-dessus du Conseil de la Boulé ou du tribunal du peuple, l'Héliée. Elle intervient sur l'ensemble des affaires intérieures de la cité : la guerre, la paix, les impôts, l'ostracisme.

égaux devant la loi et l'isocratie, tous avaient la même opportunité de participer aux affaires publiques. Tout citoyen présent à l'Ecclésia avait le droit de vote, qui se faisait à mains levées. Tout cela a contribué également aux lois sur le fonctionnement de l'Aréopage et du Sénat. En fait, la vraie vie de la cité était là ! Tous les citoyens pouvaient voter aux assemblées et aux différents tribunaux, mais seulement l'éligibilité était restreinte aux trois premières classes sociales.

L'élection des magistrats avait lieu à l'Assemblée du Peuple ; on peut considérer que, dès Solon, le suffrage était universalisé parmi les citoyens, et c'est un point important pour comprendre la genèse de la démocratie à Athènes. La procédure d'accès à l'archontat semble combiner élection préalable puis tirage au sort. Mais pour l'ensemble des magistratures, c'est bien l'élection qui semble avoir la prépondérance.

Pour Aristote, donnant son jugement sur les réformes de Solon, *« il semble que, dans l'activité politique de Solon, ce soient là les trois mesures les plus démocratiques : tout d'abord, ce qui est le plus important, l'interdiction de prendre les personnes pour gages des prêts ; puis le droit donné à chacun d'intervenir en justice en faveur d'une personne lésée ; enfin, mesure qui, dit-on, donnera le plus de force au peuple, le droit d'appel aux tribunaux ; en effet, quand le peuple est maître du vote, il est maître du gouvernement. »*

En fait, et Aristote a validé cette interprétation, Solon, semble-t-il, tout en se gardant d'abolir les institutions qui existaient auparavant a réellement fondé la démocratie. Il a d'ailleurs rajouté que *« Solon lui-même n'a vraisemblablement attribué au peuple que le pouvoir strictement nécessaire, celui d'élire les magistrats et de vérifier leur gestion (car si le peuple ne possède même pas sur ce point un contrôle absolu, il ne peut être qu'esclave et ennemi de la chose publique) »*.

Ce qui caractérise bien la pensée profonde de Solon est entièrement contenu dans cette courte phrase qui lui est attribuée : La société est bien gouvernée quand les citoyens obéissent aux magistrats, et les magistrats aux lois[41].

Plus de vingt-deux siècles plus tard, en prêtant serment sur la

---

[41] Moralistes anciens, choix de Louis Aimé-Martin, Lefèvre et Chapentier, Paris, 1844.

Déclaration d'indépendance des États-Unis en 1789, Georges Washington dira: *« les gouvernements sont établis parmi les hommes pour garantir ces droits, et leur juste pouvoir émane du consentement des gouvernés. Toutes les fois qu'une forme de gouvernement détruit ce but, le peuple a le droit de la changer ou de l'abolir et d'établir un nouveau gouvernement »*, ce que l'on peut considérer comme une sorte d'hommage à ceux qui ont établi ce système de gouvernement.

Les réformes de Solon, qui tiennent en quatre grandes catégories – réforme économique (décharge des dettes), de la Constitution (substitution de la richesse à la naissance), de la législation et de la monnaie (y compris une réforme des poids et mesures, mais pour la première fois Athènes aura une monnaie particulière frappée du signe de la chouette[42]) – auront considérablement marqué les évolutions du berceau de la démocratie, qui sera bien dans son organisation profonde, dans les faits, le gouvernement du peuple pour le peuple.

À part cela, Solon avec sa législation a posé la base de la création de la première notion d'industrie; il a décrété des lois pour les femmes et le mariage; il a en plus promulgué des lois pour affronter l'immigration de l'époque, car Athènes a été inondée par des flux migratoires qui voulaient également profiter des privilèges dont les Athéniens jouissaient.

On notera effectivement que cette démocratie première est directe certes, mais avec des exceptions; les petits paysans, bien qu'ils en eussent le droit, se rendent beaucoup moins aux assemblées du peuple que les artisans ou les plus fortunés, – et ni les femmes ni les métèques et encore moins les esclaves, n'ont de droits civiques. En ce qui concerne les métèques[43], il faut dire qu'il y avait une procédure pour obtenir le statut de citoyen, après y avoir vécu longuement, car les Athéniens considéraient que les décisions sur la cité devraient être prises par ceux qui y travaillaient et qui y vivaient. En tout cas, au Ve siècle avant l'ère moderne, la démocratie athénienne peut être qualifiée de meilleur régime politique connu.

---

[42] Les Origines de la monnaie, E. Babelon, Cambridge Mass., 1905.
[43] Métèques: (du grec meto, qui a changé, et oikos, maison), citoyens libres mais étrangers à la Cité.

L'essentiel était fait ; en édifiant la primauté de la démocratie, Solon[44] ouvrait la séparation des pouvoirs, ce qui a jeté les bases de la séparation du public et du religieux. Ce que l'on peut qualifier d'« invention » du concept laïque, de la laïcité[45] – de *laïkos,* qui vient du peuple – montre bien la distinction entre ce qui relève du public et ce qui appartient à la sphère privée, est assurément un point primordial. C'est bien au peuple en tant qu'assemblée des citoyens, et à lui seul, de déterminer ce qui est bon pour lui.

La démocratie a une vertu toujours supérieure au religieux, c'est aussi le message des démocrates athéniens.

---

[44] Pour la petite histoire des acronymes, l'administration française a adopté en 2007 l'outil SOLON, soit le Système d'Organisation en Ligne des Opérations Normatives, « système de work flow du Journal officiel français » (www.les-infostrateges.com).
[45] Catherine Kintzler, Qu'est-ce que la laïcité ?, Paris : Vrin, 2008. Jean-Michel Reynaud et Alain Simon, Laïcité, la croix et la bannière, Editions Bruno Leprince, 2005. Jean-Michel Reynaud, Laïcité, centre de l'Union, L'Encyclopédie du socialisme, 2003.

Comme Solon, pouvons-nous sortir
de la crise actuelle ?

« La démocratie est la meilleure façon de vivre ensemble »
« Il n'est point de bonheur sans liberté, ni de liberté sans courage »

Périclès, -500 avant l'ère moderne

il y a 3000 ans, et aujourd'hui, le monde est - t-il le même ?

Aujourd'hui, à la fin de la première décennie du XXIe siècle, on ressent les conséquences d'une profonde crise financière, économique, politique et sociale, ce qui a amené les auteurs de cet ouvrage à s'approprier l'enseignement de Solon, et sa réforme politique, pour « réinventer » le monde. Utopie ou réalité ? À nos yeux un vrai challenge ! Mais aussi une solution aux conséquences de la crise mondiale.

Une analyse comparative de la situation politique et socio-économique actuelle avec celle de l'Athènes à l'époque de Solon, va certainement choquer quelques esprits par autant de points en commun que nous pouvons constater ; cela mérite notre réflexion approfondie et notre observation assidue.

Naissance de « l'axiocratie démocratique » ou « la démocratie axiocratique »

Au VIIe siècle avant notre ère, Athènes est gouvernée par ses « magistrats ». Ceux-ci, élus par leurs pairs, appartiennent tous à la classe des Eupatrides. La base de l'organisation politique est la tribu, structure clanique d'origine ionienne. Le gouvernement central est assuré par neuf archontes. Les archontes sont nommés et contrôlés par l'assemblée dite de l'Aréopage. Elle existait depuis la période monarchique, pendant laquelle elle était composée de membres des grandes familles aristocratiques. Pendant le régime oligarchique, elle regroupe aussi les anciens archontes. Son rôle est important car elle nomme et contrôle les magistrats et promulgue les décrets. Le pouvoir est donc aux mains des plus puissants. De nos jours, le même sentiment d'injustice sociale imprègne notamment les classes sociales les plus démunies et les exclus de la société... Ne pouvons-nous pas dire, qu'aujourd'hui, il y a une concentration du pouvoir par un nombre très restreint de personnes qui est basée cette fois-ci sur le pouvoir de l'argent, chose inventée à l'époque (naissance de la timocratie), et arrivée aujourd'hui à l'abus extrême de la spéculation que nous connaissons. Peut-être avons-nous besoin de la naissance d'un nouveau régime, d'une nouvelle notion de gouvernance ; prenons la responsabilité de le dire, de revendiquer une « axiocratie »[46] démocratique ou une démocratie plus « axiocratique ».

---

[46] Axiocratie : provient des mots grecs « axia », « valeur », « mérite », et « cratos », « pouvoir ».

L'« axiocratie » est une expression, grecque effectivement, qui désigne une gouvernance basée sur la dignité, le mérite, la compétence et le travail fructueux, couplée avec l'éthique. C'est mieux de dire : on a besoin d'élire les « *axious* » au lieu de dire « les meilleurs » ; car la notion « du meilleur » est subjective tandis que la notion de « *axios* » va plus loin et touche la dimension de l'objectivité. Par exemple Solon, on ne sait pas s'il était le meilleur de son époque, a posteriori on peut le dire, mais à ce moment-là il a été jugé par ses semblables comme le « *axios* » et c'est pour cela qu'il a été élu et qu'il a pu accomplir sa mission et son devoir.

Aujourd'hui dans une époque où l'on parle chaque jour de gouvernance, on a besoin que le pouvoir soit mieux réparti, que les richesses soient mieux distribuées, que le pouvoir soit aux mains de ceux qui ont la qualité de « *kalos kagathos* », mais qui sont également compétents et agissent avec prudence et modération.

Bien évidemment dans ce système de gouvernance il y a la prérogative que les « *axii* » doivent être élus démocratiquement ! Et surtout il faut que nos sociétés préparent des citoyens – éveillés, dignes, compétents et responsables – et non pas des citoyens sourds et aveugles, adoptant un comportement moutonnier afin de voter en faveur de l'un ou de l'autre. Il ne faut pas oublier que nos « gouverneurs », élus par nous-mêmes, reflètent la composition et la dynamique du corps électoral.

Les sociétés et les citoyens aujourd'hui ne sont plus éblouis que par la quantité, les grands pays, les grands pouvoirs, le gros capital, le grand potentiel ; aujourd'hui les gens ont besoin de ce qui est dans la mesure, ce que disait Solon, le fameux « rien de trop ». C'est ainsi que chacun trouve sa place dans la société, s'y sent inclus, capable de prendre des décisions pour lui-même et de participer à l'évolution de son avenir ; c'est en cela que consiste le bonheur humain.

« Eunomie » : la bonne gouvernance

Au VIIe siècle avant notre ère, sur le plan social, on retrouve la même domination. Les paysans pauvres travaillaient généralement comme métayers (« clients ») de quelques riches familles. Dans l'incapacité de payer leur fermage et sans ressources, ils sont parfois contraints de s'endetter en mettant en gage leur propre personne. Ce « gage sur les corps » fait finalement d'eux, et de toute leur famille avec, les esclaves de leurs créanciers qui peuvent alors se les approprier ou les vendre. Une pratique aussi inhumaine se révèle également désastreuse sur le plan économique.

La concentration des terres entre les mains de quelques grands propriétaires accentue les disparités et prive la cité d'une partie de ses forces vives, contraintes de s'exiler ou vendues aux frontières de l'Attique. Les mouvements de révoltes se multiplient donc et vont provoquer, par étapes, la chute de l'oligarchie. La tradition attribue la paternité des réformes qui vont suivre à quelques individus, à laquelle est associée la notion d'« *eunomia* »[47], qui signifie « bonne législation » mais aussi « ordre bien réglé », « bonne observation des lois » et, tout simplement, « équité », « justice », finalement, « bonne gouvernance ». La législation de l'époque était le moyen et l'outil pour une bonne gouvernance.

Est-ce le cas aujourd'hui ? Combien d'articles, de propositions, de réflexions, de débats, sur la gouvernance, la gouvernance mondiale à tous niveaux[48] ? Mais parlons-nous, ou plutôt agissons-nous, en faveur d'une bonne gouvernance ? Et encore pire, dans notre esprit de modernisme et de modernité « fabriquée » on croit que l'on a inventé une nouvelle notion, une idée innovatrice. Nous voilà alors à balbutier encore une fois une notion déjà bien établie ! Il nous a fallu traverser trois millénaires pour retrouver de nos jours cette notion et force est de constater que ce n'est pas vraiment avec succès !

Dans la réalité de tous les jours, la notion de gouvernance mondiale est forcément liée à celle de la mondialisation, car on parle plutôt d'une mondialisation économique, ou globalisation[49]. Ses avocats mettent en avant l'éclatant succès des pays qui sont parvenus à effectuer un rattrapage économique, alors que même

---

[47] « Eunomia » : « eu », bon , « nomia », l'ensemble des lois.

[48] Jean-Michel Cedro, « Dossier : Europe : vers une nouvelle gouvernance », Les Echos, 29 septembre 2010. Vivien A. Schmidt, « Quelle gouvernance pour l'Europe ? », Les Echos, 19 juillet 2010. Catherine Chatignoux, « Le débat sur la gouvernance économique divise les institutions européennes », Les Echos, 7 juin 2010. Thomas G. Weiss, Tapio Kanninen, and Michael K. Busch, "Sustainable Global Governance for the 21st Century. The United Nations confronts economic and environmental crises amidst changing geopolitics", Dialogue on Globilization, N° 45 / September 2009.

[49] La mondialisation : faut-il s'en réjouir ou la redouter ?, Préparé par les services du FMI, 12 avril 2000.

aujourd'hui la crise que nous traversons est ô combien dûe à cette fameuse mondialisation ! Et bien évidemment, ces critiques soulignent l'appauvrissement d'autres pays qui ont vu leur revenu stagner ou régresser. Nous ne parlons pas, bien évidemment, du domaine institutionnel, sociologique et équitable entre les nations, voire au sein de la même nation, ni même de l'organisation du partage des richesses et des chances.

Si tout cela était bien réglé on n'assisterait pas aujourd'hui à cet environnement sociopolitique qui choque : guerres, révolutions, migrations, crise économique, pauvreté, exclusion sociale, inégalités en tout genre, insécurité nucléaire, dégradation des ressources naturelles, etc.

Tous ces problèmes que nous venons d'évoquer nous paraissent suffisamment pertinents, graves et profonds pour justifier une réflexion sur les principes de la gouvernance mondiale. Une fois de plus, il nous semble en effet impossible de répondre aux questions immédiates que pose la gestion du système international. Nous allons trancher dans le vif : à quoi servent vraiment les réunions du G20, du G7 ou du G8, les rencontres semestrielles du Conseil de l'Europe, si ce n'est pas pour garantir tout simplement l'emploi, l'avenir, et le bonheur des gens ? Dans quelle dimension réformer le FMI en faveur des plus démunis de la société et non pas au profit des seules classes les plus favorisées ? Comment ne pas dépendre des agences de notation qui instrumentalisent les marchés et favorisent la spéculation ? De quelle manière traiter les conflits de normes entre commerce et environnement ? Comment associer pays émergents et pays en développement ? C'est seulement sur la base d'une vision claire d'un type de système de gouvernance aujourd'hui souhaitable qu'il est possible de répondre de manière pertinente à ces questions pressantes[50]. Il y a une nécessité absolue à réexaminer la gouvernance mondiale.

Solon, nous dit Plutarque, « accommodait bien plus les lois aux choses que les choses aux lois. » Solon ne faisait pas cela pour satisfaire ses besoins ou ceux de son entourage mais, comme on va le démontrer, il était à l'écoute de la société athénienne. Le sommes-nous aujourd'hui ? Sommes-nous vraiment, en légiférant, à l'écoute de toutes les classes sociales ? Voyons alors, comment Solon a agi, pour que nous puissions en tirer une leçon...

---

[50] Pierre Jacquet, Jean Pisani-Ferry et Laurence Tubiana, « Rapport sur la Gouvernance Mondiale », 23.5.2002.

L'égalité ne produit pas la guerre

Dans la fâcheuse conjoncture de leur époque, les plus sages des Athéniens eurent recours à Solon, comme le seul qui ne fût suspect à aucun des partis, car il n'avait ni partagé l'injustice des riches, ni approuvé le soulèvement des pauvres. Il courut même alors ce mot de lui, que l'égalité ne produit pas la guerre ; mot qui plut et aux riches et aux pauvres. Les premiers espéraient compenser cette égalité par leur dignité et leur vertu, les autres l'attendaient de leur nombre et de la mesure des terres qui leur seraient distribuées. Les deux partis ayant donc conçu les plus grandes espérances, leurs chefs sollicitaient Solon de se faire « tyran », et de prendre le gouvernement d'une ville où il avait déjà tout le pouvoir. La plupart même de ceux qui tenaient le milieu entre les deux partis, n'espérant pas de la raison et des lois un changement favorable, et n'étaient pas éloignés de remettre toute l'autorité entre les mains de l'homme le plus juste et le plus sage[51].

Pour faire face à cette situation Solon, après avoir refusé d'être « le tyran »[52] d'Athènes, cela veut dire le gouverneur tout puissant, accepta par contre de devenir le législateur « idéal » pour eux, en s'exerçant à la pratique si connue de « gouverner c'est l'art de déplaire », car comme on va le voir par la suite avec notre analyse, il agit en faveur de la cité, sans s'efforcer de plaire à aucun groupe social !

« Si je n'ai point voulu, tyran de ma patrie, En usurpant mes droits, voir ma gloire flétrie, Je ne m'en repens point, par ce noble refus, J'ai de tous les mortels surpassé les vertus. »

Combien d'événements graves ces dernières années, en Égypte, en Tunisie, en Libye, en Syrie, au Yémen… ont montré une fois de plus que « l'égalité ne produit pas la guerre » mais plutôt que l'absence d'égalité, tôt ou tard, à juste titre de besoin d'équité, produit la guerre, le révolte et l'indignation. En plus, où a-t-on vu aujourd'hui des « gouverneurs » élus démocratiquement refuser de devenir « tyran » de leur pays, même quand on le leur demande ?

---

[51] La vie de Solon par Plutarque, extraits commentés par Jacques Dufresne.

[52] Tyran : le monarque absolu est pourtant élu par le peuple pour faire face à une situation urgente ; certes, il y avait des abus de ce pouvoir d'où il reste la nuance valable aujourd'hui au mot « tyran », « tyrannie ». Pour faire face à cet abus, les athéniens ont légiféré « l'ostracisme » : celui qui abusait du pouvoir pouvait être puni, sous vote par bulletins, et être banni de son pays (pour les athéniens c'était la plus honteuse des punitions).

Malheureusement, on a vu des personnes non élues adopter « la tyrannie » comme mode de gouvernement de leur propre pays, et ce pendant de longues années...

Les gens ordinaires font la vraie richesse du monde

Solon était l'homme de la mesure, « Rien hors mesure ! », était sa devise... Il était un homme sage, modéré et surtout conscient de sa mission. Son refus de régner sur Athènes ne le rendit pas plus lâche dans l'administration des affaires. Il fut élu archonte après Philombrotus, et chargé en même temps de faire des lois de pacification. Ce choix fut agréable à tous les partis : aux riches, parce que Solon l'était lui-même ; aux pauvres, parce qu'ils le connaissaient comme homme de bien.

Il ne céda rien par faiblesse aux citoyens puissants et ne chercha pas par ses lois à flatter ceux qui l'avaient élu ; il conserva tout ce qui lui parut supportable. Il ne voulut pas trancher dans le vif, et appliquer mal à propos des remèdes violents, de peur qu'après avoir changé et bouleversé toute la ville, il n'eût pas assez de force pour la rétablir et lui donner une meilleure forme de gouvernement. Il ne se permit que les changements qu'il crut pouvoir faire adopter par persuasion ou recevoir d'autorité, en unissant, comme il le disait lui-même, la force à la justice.

À nos yeux c'est la meilleure leçon que l'on puisse en tirer. Tempérer l'empire de la force par le règne de la justice. Unissons devant cette crise nos qualités, nos compétences et surtout proposons des solutions supportables ! Les propositions offertes par les experts, pour surmonter la crise, préservent seulement l'intérêt purement économique, et notamment l'intérêt restreint des banques, des agences, concentrant le pouvoir aux mains d'un très faible nombre de gens immensément riches. Bien au contraire, il nous faut des propositions supportables, soutenables, viables pour les gens ordinaires, car ce sont les gens ordinaires qui font la vraie richesse mondiale à tout niveau, financier, économique, social, culturel et humain ; les autres tout simplement s'enrichissent !

On demanda à Solon quelque temps après avoir présenté sa législation s'il avait donné aux Athéniens les lois les meilleures. « Oui, répond-il, les meilleures qu'ils pussent recevoir ».

Autre belle leçon ; sommes-nous vraiment capables d'envisager ce qui est le meilleur que l'on puisse aujourd'hui recevoir ? Cela nécessite une écoute attentive des citoyens, cela implique un vrai débat politique ; cela engage tous les intellectuels qui respectent leur « serment » scientifique, culturel, religieux, laïque ou autre. Une nouvelle citoyenneté s'élabore dans cette crise et il faut qu'il y ait un nouveau « Solon », ou beaucoup de « Solons », pour équilibrer la justice et la force, un équilibre conçu comme la volonté d'agir.

Libérer *Gaïa*, la terre mère, c'est libérer les hommes

Radicalement innovatrice la première ordonnance de Solon indiquait que toutes les dettes qui subsistaient seraient abolies, et, qu'à l'avenir, les engagements pécuniaires ne seraient plus soumis à la contrainte par corps.

Ô Temps soit mon témoin ! Et toi, ô noire Terre
Mère de tous les dieux ! Toi que j'ai délivrée
Des bornes dont tu fus bassement encombrée
Par les accapareurs ! Toi que j'ai affranchie !
Redressant la Justice indignement gauchie,
J'ai ramené dans leurs foyers par Zeus bâtis
Les exilés, innocents ou non, engloutis
Dans le malheur, vendus, chassés ou bien partis
D'eux-mêmes et si longtemps errant à l'étranger
En proie à la misère, au malheur, au danger
Qu'ils avaient oublié la langue de leurs pères !
Et d'autres qui tremblaient sous un injuste maître,
Ici même, opprimés, je les ai fait renaître,
Et de nouveau, grâce à mes lois, les voilà libres !
J'ai réparé, j'ai joint, j'ai rapproché les fibres
Aidant les pauvres, juste envers les gens prospères,
En haut ainsi qu'en bas, j'ai placé l'équité.
Un cupide et un lâche eût peut-être hésité
Sans savoir diriger ou tenir en respect
La foule. Je n'ai pas pour être moins suspect
À certains, transigé, pactisé ; quand les chiens
attaquent, le loup les tient en respect ; les biens
reçus grâce à mes lois, ils n'osaient en rêver
et de meilleurs que moi vont plus tard m'approuver
J'empêchai que chacun, à son gré n'écrémât
Le lait de tous. Et quand la colère enflamma
Les deux partis, moi seul, entre eux médiateur
Je me tins...

Textes cités par Plutarque dans sa Vie de Solon.
« Effaçons les dettes ! Faisons un double sacrifice afin que l'harmonie
règne dans notre société ! », a proposé Solon.

La *sisachtie* était la réforme de Solon qui a permis de sortir une partie importante de la population de l'Attique du « fardeau » de la servitude. Le sens exact de la *« sisachtie »*, c'est « le soulagement d'un fardeau ». La loi promulguée annule les dettes publiques et privées, supprime toutes les bornes : *« J'ai arraché les bornes à la terre noire... »* qui marquaient les propriétés hypothéquées et interdit de recourir désormais à la pratique du gage des corps. Mieux, elle prend un effet rétroactif et autorise les victimes réduites en esclavage à retrouver leur liberté et leurs droits civils. Cet effacement de la dette constitue une étape importante dans l'évolution d'Athènes vers une citoyenneté démocratique. Si la mesure a, avant tout, un caractère économique, elle témoigne aussi, pour la première fois, d'une préoccupation sociale associée à une volonté politique.

Nous considérons que la situation des Athéniens endettés (des européens endettés) n'est pas loin de la situation que l'on affronte aujourd'hui : les individus, les ménages, les états se trouvent en ce moment surendettés. Et il s'agit d'un esclavage moderne, non moins honteux qu'à l'époque de Solon, un esclavage provoqué et basé sur l'hyperconsommation et la cupidité humaine.

N'avons-nous pas le même besoin ? N'est-ce pas le moment de supprimer le facteur d'instabilité et le jeu de la spéculation qui se trame dans notre dos, étant citoyens du monde ? N'est-ce pas le moment propice pour oser effacer les dettes pour que l'on puisse évoluer et ne pas être enfermé dans un cercle vicieux qui démontre une stérilité d'idées, une absence de volonté politique, ou du politique en général, et surtout une absence de préoccupation sociale ?

La *sisachtie* de Solon s'accompagna d'une série de réformes : la nouvelle législation porte sur la famille, les droits de succession, la circulation et le commerce des biens de première nécessité. Solon ne cherche pas à réduire les inégalités de fortune - les citoyens rétablis dans leurs droits civils ne récupèrent pas les biens qui leur avaient été confisqués – mais ses lois ont un double objectif : rétablir l'homogénéité du corps social dans toutes ses composantes et permettre aux plus pauvres de participer effectivement à la vie de la cité.

C'est à quoi il faut également s'efforcer aujourd'hui, de rétablir l'homogénéité du corps social ; nous sommes convaincus que les inégalités de fortune ne peuvent pas disparaître même dans des sociétés démocratiques et que la période de profonde crise que l'on traverse a accentué ce phénomène. Pourtant, nous sommes favorables à faire avancer le modèle *« axiocratique »* d'une société où il y aura au moins une égalité de chances réciproques pour chaque classe sociale, suivant son statut actuel, son travail et son dévouement à l'amélioration de la *politeia*. Chacun individu a besoin de se sentir membre de la société, citoyen actif qui participe aux décisions prises, avec le sentiment d'un vrai partage des responsabilités, des contrôles, mais aussi des revenus. Une nouvelle citoyenneté serait alors en train de s'élaborer.

La crise monétaire, la répartition des terres et le « double sacrifice »

Entre le début du VIIe et la fin du VIe siècle avant l'ère moderne, c'est l'ensemble du monde grec qui bouge. Dans toutes les cités d'Asie Mineure ou de Grèce continentale, des bouleversements politiques profonds se produisent et les anciennes monarchies, héritées de la période mycénienne et des « siècles obscurs », disparaissent. La première monnaie[53] fut inventée et le commerce a commencé à être une préoccupation considérable, ce qui a fait émerger une classe sociale moyenne.

De son côté une grande partie de la réforme de Solon consistait aussi en une réforme monétaire qu'il a proposée, et qui a aidé les citoyens à faire face à leurs dettes.

Elle comprenait l'augmentation des mesures et de la valeur des monnaies. La mine ne valait que soixante-treize drachmes ; elle fut portée à cent, de manière que ceux qui devaient des sommes considérables, en donnant une valeur égale en apparence, quoique moindre en effet, gagnaient beaucoup, sans rien faire perdre à leurs créanciers. Cependant la plupart des auteurs conviennent que cette décharge fut une véritable abolition de toutes les dettes ; et leur sentiment est confirmé par ce que Solon lui-même en a dit dans ses poésies, où il se glorifie d'avoir fait disparaître de l'Attique ces écriteaux qui désignaient les terres engagées pour dettes. Le territoire d'Athènes, disait-il, auparavant esclave, est libre maintenant ; les citoyens qu'on avait adjugés à leurs créanciers ont été, les uns ramenés des pays étrangers où on les avait vendus et où *ils avaient si longtemps erré qu'ils n'entendaient plus la langue*

---

[53] Les Origines de la monnaie, E. Babelon, Cambridge Mass., 1905.

attique ; les autres remis en liberté dans leur propre pays, où ils étaient réduits au plus honteux esclavage.

Cette ordonnance déplut également aux deux partis : elle offensa les riches, qui perdaient leurs créances, et mécontenta encore plus les pauvres qui se voyaient frustrés du nouveau partage des terres qu'ils avaient espéré, et qui n'obtenaient pas cette parfaite égalité de biens que Lycurgue[54] avait établie entre les citoyens.

Ceux qui, le cœur rempli d'une douce espérance
De me plaire d'abord se montraient si jaloux
Ne roulent aujourd'hui que projets de vengeance
Et fixent tous sur moi des yeux pleins de courroux
Mais, ajoute-t-il, tout autre avec la même autorité
N'eût pu d'un peuple entier réprimer la licence
Qu'il ne l'eût épuisé, réduit à l'indigence

Cependant, Solon ne fit pas de réforme agraire, autrement dit, il ne redistribua pas la propriété des terres, bien que les pauvres l'attendaient. Pourtant, par d'autres sources que Plutarque, on sait qu'il a limité le nombre d'hectares qu'un seul citoyen pouvait obtenir ; chose très importante car c'est la première fois que cela était instauré dans la société athénienne de l'époque.

Par ailleurs, encore un point en commun à commenter : aujourd'hui on est obligé de faire face à une crise économique et sociale qui a été précédée par l'introduction dans l'Union européenne d'une nouvelle monnaie, l'Euro, mise en circulation le 1er janvier 2002 sous sa forme fiduciaire. Il est évident que cela a beaucoup changé l'environnement économique en Europe, mais aussi les échanges entre les différentes nations et les différents systèmes monétaires qui reflètent également des cultures très disparates.

On participe tous, dans ce vieux continent, aux efforts effectués pour la sauvegarde de la monnaie commune, pour renforcer notre système socio-économique et même l'Union Européenne elle-même. N'est-ce pas donc le moment pour reconsidérer cette guerre des monnaies que l'on subit aujourd'hui et de réfléchir sur les vraies causes de la crise que l'on traverse ? Afin d'abolir les dettes

---

[54] Lycurgue : contemporain de Solon et législateur de Sparte.

d'un vrai et nouvel esclavage ?

Solon voulut faire passer la plus importante de ses institutions, la plus propre à rendre sa ville heureuse, à y maintenir la concorde, en ne laissant parmi les citoyens, ni riche ni pauvre. Solon, n'étant soutenu que par sa sagesse et par la confiance qu'on avait en lui. Au reste, il témoigne lui-même que cette loi avait offensé la plupart des Athéniens, qui s'étaient attendus à autre chose.

Toutefois, les Athéniens ne tardèrent pas à reconnaître l'utilité de cette loi ; ils cessèrent de murmurer, firent en commun un sacrifice qu'ils appelèrent le sacrifice de la décharge, confirmèrent à Solon le titre de législateur, et le chargèrent de réformer le gouvernement. Ils lui conférèrent pour cela un pouvoir si illimité, qu'il se trouva maître des charges, des assemblées, des délibérations et des jugements, qu'il pouvait créer tous les officiers publics, régler leurs revenus, leur nombre, la durée de leur administration, et révoquer ou confirmer à son gré tout ce qui avait été fait avant lui.

Nous ressentons que c'est là un message important et qu'il faut bien faire comprendre et passer : convaincre aujourd'hui les gens à faire un sacrifice commun en faveur, non de l'avènement d'une ère plus prospère ou plus égalitaire, mais en faveur, pour l'instant, de la sauvegarde de la cité et de la citoyenneté, considérée comme élément essentiel de l'organisation de nos sociétés. Il faut convaincre les riches que l'effacement raisonné des dettes est la seule voie vers l'établissement d'une homogénéité du corps social et, de l'autre côte, que les classes sociales affaiblies aujourd'hui renoncent à des révolutions inutiles dans un climat de gouvernance démocratique. Ce n'est pas la révolution qui va faire avancer nos sociétés, mais c'est la reforme de notre système politique et socio-économique mondial.

En second lieu, Solon voulant laisser les riches en possession des magistratures, et donner aux pauvres quelque part du gouvernement, dont ils étaient exclus, fit faire une estimation des biens de chaque particulier (voir partie II. « Timocratie »).

Il rangea les citoyens en quatre classes sociales : les pentacosiomédimnes, les chevaliers, les zeugites et les thètes. Il ne permit pas à ces derniers l'entrée dans les magistratures, et ne leur donna d'autre part au gouvernement, que le droit de voter dans les assemblées et dans les jugements ; droit qui ne parut rien d'abord, mais qui, dans la suite, devint considérable, car la plupart des procès étaient portés devant les juges, et l'on appelait au peuple de tous les jugements que rendaient les magistrats.

Comme on ne pouvait pas décider les affaires par le texte même des lois, on avait toujours besoin des juges, à qui l'on portait en dernier appel la décision de tous les différends, ce qui les mettait en quelque sorte au-dessus même des lois. Solon, dans ses poésies, parle de cette compensation qu'il avait établie entre les riches et les pauvres :

Le peuple a par mes lois un crédit suffisant
J'ai voulu qu'il ne fût ni faible ni puissant
Pour ceux qui possédaient le pouvoir, l'opulence
Ils n'auront pas du peuple à craindre insolence
En munissant chacun du plus fort bouclier
J'ai su de leurs fureurs sauver le corps entier

Pour donner un nouveau soutien à la faiblesse du peuple, il permit à tout Athénien de prendre la défense d'un citoyen insulté. Si quelqu'un avait été blessé, battu, outragé, tout particulier avait le droit d'appeler et de poursuivre l'agresseur en justice. Le législateur avait sagement voulu accoutumer les citoyens à se regarder comme membres d'un même corps, à ressentir, à partager les maux les uns des autres.

Il établit le Sénat de l'Aréopage, et le composa par ceux qui avaient rempli les fonctions d'archonte. Comme il avait lui-même exercé cette magistrature, il fut un des membres du Sénat. Mais, ayant observé que l'abolition des dettes avait donné au peuple de l'arrogance et de la fierté, il créa un second conseil composé de quatre cents membres, cent de chaque tribu, dans lequel on discutait les affaires avant de les porter à l'assemblée générale ; de sorte que le peuple ne connaissait aucune affaire, sans qu'elle n'eût été examinée auparavant dans ce conseil. L'aréopage, comme cour suprême, eut l'intendance de toutes les affaires, et fut chargé de faire observer les lois. Solon pensa que la ville, contenue et affermie par ces deux conseils comme par deux fortes ancres, éprouverait moins d'agitation, et que le peuple serait plus tranquille.

Parmi les autres lois de Solon, il en est une très étrange qui note d'infamie tout citoyen qui, dans une sédition, ne se déclare pour aucun parti. Apparemment il ne voulait pas que les particuliers fussent indifférents et insensibles aux calamités publiques, et que, contents d'avoir mis en sûreté leurs personnes et leurs biens, ils se fissent un mérite de n'avoir pris aucune part aux maux de la patrie.

Il voulait que dès le commencement de la sédition, ils s'attachassent à la cause la plus juste ; et qu'au lieu d'attendre de quel côté la victoire se déclarerait, ils secourussent les gens honnêtes, et partageassent avec eux le danger[55].

En général Solon voulait maintenir la concorde dans la société ; ô combien cela devrait être la priorité de nos sociétés contemporaines ! Et pour y arriver il faut qu'il y ait une certaine sincérité, il faut que les hommes politiques prennent la voie de la franchise, celle du vrai pouvoir politique, expriment leur avis et appliquent la volonté des citoyens. Et nous revenons encore sur une anecdote concernant la vie de Solon ; le fabuliste Ésope était alors à la cour de Lydie, où Crésus, le roi de Lydie, l'avait attiré et le traitait honorablement. Fâché que Solon n'eût pas mieux répondu à la faveur du roi, il lui dit en forme d'avis : « Solon, il faut ou ne jamais approcher des rois, ou ne leur dire que des choses agréables ». Dites plutôt, lui répondit Solon, « qu'il faut ou ne pas les approcher, ou ne leur dire que des choses utiles ».

A l'exemple de Solon, encore une fois, nous allons par la suite dans ce livre ne flatter personne et dire des choses que d'aucuns penseront plus ou moins utiles d'entendre, mais que nous savons partagées par une grande partie de la société active ! Nous tenterons une analyse réaliste, et en même temps philosophique, de la situation actuelle ; car la philosophie grecque ce n'est pas donner des leçons, mais c'est une démarche dynamique, c'est un mode de vie, qui revivifie le dialogue, fait avancer la chose publique dans le sens de l'évolution de la société.

Beaucoup de pays ont eu des prophètes, la Grèce n'a eu que des philosophes.

Les philosophes sont ceux qui ont compris leur manque de sagesse et qui, étant partis à sa quête, sont devenus « les amants », « les amis », de la « *sophia* ». Sommes-nous parmi eux ? Tout citoyen dont la conscience est éveillée peut l'être !

---

[55] La vie de Solon, op. cit.

Un système socio-économique à réinventer

« Le goût de la vérité n'empêche pas de prendre parti »

Albert Camus

Des constats pour sortir de la cupidité

En premier lieu il convient de bien analyser la crise que nous traversons actuellement, pour bien en comprendre les mécanismes profonds, pour en second lieu, pouvoir en sortir au prix d'un véritable changement de paradigme. Car c'est bien de cela qu'il s'agit.

En Europe, les crises financières successives, celles-ci ont été nombreuses déjà dans un passé récent[56], les délocalisations, le dumping social (les coûts salariaux horaires vont de 1 à près de 100 dans le monde !), les pertes de compétitivité et le chômage de masse endémique, sont les ingrédients qui font que nous sommes passés de la guerre pour l'économie à la guerre économique. C'est dans ce contexte de « guerre froide » économique qu'est intervenue la crise bancaire et financière de 2008, dans un monde où la réduction des ressources énergétiques est accélérée par des années de forte croissance de la Chine, de l'Inde et du Brésil ; un monde dans lequel les problèmes et les conflits religieux s'intensifient et où les difficultés environnementales sont devenues extrêmement prégnantes.

La crise récente vient de signer notamment l'échec de la théorie monétariste et ultralibérale dans laquelle nous baignions depuis bien longtemps. Son concepteur, Milton Friedman[57], nous a conduits dans le mur à cause de deux idées fausses, selon lesquelles les marchés s'auto-équilibreraient, et qui plus est, à leur niveau optimal. De là, la théorie monétariste, élevée au statut de « quasi-religion » compte tenu de son caractère dogmatique, conclut que toute réglementation, subvention, taxation est néfaste. Au nom de cette théorie, la finance s'est mise depuis plus de trente ans à dominer l'économie, à produire ses propres marchés spéculatifs – notamment dits produits dérivés – hors toute régulation et tout contrôle. C'est cela qui a permis de faire des riches encore plus riches et des pauvres encore plus pauvres, et a engendré la très grave crise économique dans laquelle nous sommes et qui a produit des conséquences sociales dramatiques et ce, encore pour

---

[56] Citons pour mémoire, dans les périodes les plus récentes : les crises des dettes externes de l'Amérique latine dans les années 80, puis les crises asiatiques de même type, les crises bancaires scandinave et japonaise des années 90, la bulle Internet et la crise boursière des années 2000.
[57] Milton Friedman : Prix Nobel d'économie en 1976.

une longue période.

Cette crise a été essentiellement due à la cupidité – c'est-à-dire à un « désir immodéré de richesses » –qui en fut le moteur essentiel ; elle s'est développée parce que la logique de court terme, les profits de l'actionnaire plutôt que la pérennité de l'entreprise, ont été l'unique moteur. Il faut donc se réorienter vers le long terme, cela veut dire vers le durable, le solidaire et surtout changer de mentalité. Qui plus est, à l'invention des instruments de couverture délirants (titrisation), s'est ajoutée une régulation financière fortement défaillante, une supervision bancaire insuffisante et incapable de jouer son rôle, ainsi que des normes comptables qui ont éloigné de l'économie réelle. C'est donc le rôle de l'État, des États, qui se retrouve au centre de la complète refondation financière qu'il conviendrait, enfin, de faire[58].

Le philosophe allemand Schelling disait que « *l'homme n'est pas né seulement pour spéculer mais aussi pour agir* ». C'est pourquoi l'action politique et sociale doit donc être animée autant par une vision des évolutions de la société, que par des jugements de valeur explicites concernant ses transformations. Si l'on est attentif au niveau de croissance et au taux de chômage, on doit être tout aussi attentif à la cohésion sociale, à « la vie des gens », au bonheur, des notions fondamentales pour la pérennité de la cité.
Mais cette crise a également mis en lumière le rôle très douteux et dangereux des « agences de notation » (Moody's, Standard and Poors, Fitch...) qui, face à la complexité des produits à « noter », se sont contentées d'appliquer des règles standards, établies pour des produits classiques, sous estimant ainsi gravement les risques. En outre, dans la mesure où elles contribuaient souvent à la conception même des produits, et où elles étaient rémunérées par les banques d'investissement qui les distribuaient, elles se trouvaient clairement en situation de conflit d'intérêt.

Leur nombre réduit pose aussi problème : il n'existe actuellement que trois agences de notation, essentiellement américaines, même si l'une d'elles est détenue à 80 % par un holding français toutes de statut entièrement privé. Au moment de la crise on a pu constater que ces agences avaient vu leur revenu

---

[58] Jean-Michel Reynaud, « L'intelligence économique dans la crise » dans Repenser la planète finance : regards croisés sur la crise financière, Le Cercle Turgot, sous la direction de Jean-Louis Chambon, Les Echos Editions et Groupe Eyrolles, 2009.

total doubler entre 2002 et 2007, passant de 3 à 6 milliards de dollars ! Et quelle est la légitimité de ces agences pour décider que les citoyens d'un pays tout entier devront supporter un coût d'endettement plus élevé sous le seul prétexte que l'une d'entre elles a décidé de dégrader, de baisser, la note ? Alors qu'elles ont été plutôt lamentables dans leurs prévisions dans de multiples occasions, rappelons Enron, les banques anglo-saxonnes, les *subprimes*, etc. C'est cet examen qui conduit Pascal Ordonneau[59], dans un article intitulé[60] « les agences de notation sont-elles illégitimes et inefficaces », à écrire que « *la communication des notations ne vaut que pour punir les petits et les faibles et la question devrait se poser sur le statut d'entreprise commerciale et privée des agences de notation.* »

Effectivement « on » dégrade la note de la Grèce, du Portugal, mais certains plus grands pays ne sont pas dans une meilleure situation comme l'Espagne. Et on ne parle pas des plus grands pays… alors que la dette[61] anglaise a explosé (c'est la Banque Centrale anglaise qui est le plus grand souscripteur de la dette anglaise !), les USA ont un endettement « abyssal » ; leur note a même été assez fortement dégradée fin 2009/début 2010 par Noting Bros and Co et… il ne s'est rien passé de fâcheux pour les USA car les investissements se font en dollars ; et la France se porte bien sur ce terrain-là également.

C'est pourquoi on s'interroge sur la raison qu'il y a à laisser ce qui ressort des États et des collectivités publiques en dehors du champ d'intervention des agences de notation privées. Pascal Ordonneau pose ainsi la question : « *une agence de notation à vocation publique ne devrait-elle pas être placée dans un univers où on trouve le Fonds Monétaire International, la BERD[62], la Banque Mondiale, etc. ?* »

Déjà, en février 2009, un rapport de la section des Finances du

---

[59] Pascal Ordonneau : il a été cadre de direction et responsable de grandes banques françaises et internationales comme la Citibank, où il sera responsable du marketing et du développement.

[60] Le Cercle Les Echos, janvier 2010, http://lecercle.lesechos.fr.

[61] L'idée d'une restructuration de la dette est soutenue par The Economist depuis des mois…

[62] BERD, Banque Européenne pour la Reconstruction et le Développement.

Conseil économique social et environnemental[63] avait été très clair dans cette responsabilité. Il préconisait : « de soumettre ces agences à la surveillance d'institutions publiques ». Mais il semble bien que l'on a toujours raison trop tôt et que l'on s'en aperçoive lorsque le mal est fait. Et en cette matière le mal est très grand, les souffrances des peuples immenses ; et la question qui nous taraude est pour quel bénéfice, et pour qui ?

Démocratie, solidarité et responsabilité

Début mars 2011 les députés européens se sont prononcés à plus de 80 % pour le principe d'une taxation des transactions financières, de type taxe Tobin[64] et même à 55 % pour que cette instauration se fasse à la seule échelle européenne. Si les chiffres de ce qu'une telle taxe pourrait rapporter, avec un taux compris entre 0.01 et 0.05 %, l'échelle de rapport va de quelque 60 milliards d'euros par an pour les uns à 200 milliards d'euros pour d'autres, comme l'eurodéputée socialiste grecque Anni Podimata l'estime.

Une TVA sur les activités financières et bancaires pourrait quant à elle rapporter 25 milliards d'Euros par an. Faute d'accord mondial, le commissaire lituanien à la fiscalité, Algirdas Semeta, s'était déclaré de toute façon partisan d'une plus forte taxation des activités financières et bancaires européennes, très sous-taxée par rapport à d'autres services ; qui plus est il fallait demander au secteur financier, responsable de la crise économique, de contribuer au redressement des finances publiques. Ce qui est effectivement la moindre des choses.

Ainsi donc pour réparer, réguler, s'inscrire dans le plus long terme et montrer que ce type de spéculation ne doit pas être un « jeu », l'action logique conduirait à taxer purement et simplement. En fait, il faut rendre *la main des marchés* visible, et même très visible. Car on sait aujourd'hui que ces fameux marchés, manipulés comme ils le sont, ne s'auto équilibrent, en fait, jamais. La loi mathématique, dite des grands nombres, ne s'applique pas à des jeux financiers pervers. Et pour poursuivre et ne pas se mettre dans des positions, fussent-elles morales, d'infériorité concurrentielle, il faudra savoir commercer avec ceux qui appliquent, et s'appliquent, les mêmes règles ; la moralisation des

---

[63] Avis du Conseil économique, social et environnemental présenté par Monique Bourven et Yves Zehr, rapporteurs, Jean-Michel Reynaud Président de la Section des Finances.

[64] Les députés européens pour une taxe « Tobin », Les Echos, 9 mars 2011.

échanges mondiaux passe par cela, et c'est le seul chemin. Si l'on doit parler de protectionnisme, et nous pensons qu'il faut y réfléchir très sérieusement, c'est bien par la voie morale, ou éthique, qu'il doit passer.

Une mondialisation des échanges qui produit un environnement anxiogène et où l'économique prime à l'évidence sur le social. La financiarisation des activités humaines a fait que l'on s'interroge dorénavant pour savoir si les États, ou groupes d'États, sont en capacité de protéger les intérêts économiques et sociaux de leurs citoyens. C'est dans un contexte très dégradé de menaces financières, de fraudes diverses, de paradis fiscaux, de cybercriminalité et d'espionnage industriel revigoré que les nouveaux risques de tensions politiques apparaissent comme préjudiciables à la paix mondiale. Ils sont des attaques supplémentaires contre notre croissance, nos emplois et la cohésion sociale. Le risque environnemental est venu surajouter à ce cadre inquiétant car il introduit une notion de durabilité et donc présuppose la possibilité d'une fin, la fin du monde.

Si l'on peut s'accorder à ce que le durable est au temps ce que le global est à l'espace, on peut définir en trois points la notion de durabilité. Tout d'abord, le sens collectif, c'est la voie de la démocratie ; rappelons-nous de Solon, *« Je décrète comme criminel tout citoyen se désintéressant du débat public ».* Ensuite la qualité de vie et la mixité sociale ainsi que générationnelle ; c'est la voie de la solidarité. Et enfin, le projet politique, où l'on n'exporte pas les coûts du développement sur d'autres populations, générations, ou écosystèmes ; c'est la voie de la responsabilité. Il est ainsi clairement montré combien la dimension environnementale est aujourd'hui importante, essentielle même, mais – il faut bien le comprendre – sans qu'elle soit ni prépondérante, ni attentatoire, aux piliers économique et social, mais qu'elle soit une égale composante qui doit aujourd'hui faire un triptyque unifié et indéfectible – économique, social et environnemental – à l'image de la devise de la République française laïque, démocratique et sociale : Liberté-Egalité-Fraternité.

Il faut réorienter les politiques publiques sur le long terme, donc sur le durable, et le solidaire, et favoriser la pérennité des entreprises plutôt que les profits des actionnaires. Pour ce faire, une régulation à tous les niveaux est nécessaire, et le rôle des États doit être une action très directe sur les délocalisations et la lutte contre le dumping social ; c'est la seule façon d'assurer une indispensable cohésion sociale. Il faut dire et répéter que les marchés ne s'auto-équilibrent pas, et que la lutte contre les effets de la cupidité et la perversité du tout spéculatif doit être incessante et tous azimuts.

Il nous semble que Solon avait bien compris cela, il y a longtemps !

Combattre l'exclusion sociale

Certainement un effort est nécessaire pour améliorer nos finances publiques, réduire massivement les dépenses, le poids de la bureaucratie et adopter au niveau des dirigeants une transparence totale. Mais comme l'a dit Francesco Saraceno, économiste senior à l'OFCE[65], le centre de recherche en économie de Sciences Po, *« les difficultés de la Grèce sont plus liées à des attaques spéculatives qu'à ses problèmes de fond, que la dette grecque se situe autour de 3 % de la dette de la zone euro, et la dette des « PIIGS » - ne représente même pas 15 % de la zone. Par ailleurs, le stock de dettes accumulées par les Grecs est inférieur par exemple au déficit de deux années de la France ; donc, en termes quantitatifs, le problème grec est négligeable pour la zone Euro[66] ».*

Ce qui est ici dit pour la Grèce est tout autant valable pour les autres pays européens aujourd'hui stigmatisés. Et puisqu'il est ici aussi question de solidarité, il ne faudrait pas trop vite oublier le coût de la réunification allemande : après 1989, en donnant une valeur équivalente au « mark est » et au « mark ouest », l'effort a été considérable, mais pas seulement pour le peuple allemand, également pour les peuples européens. Ce n'est pas notre sujet, mais il y a dans cette affaire une corrélation directe avec des centaines de milliers d'emplois supprimés ailleurs, notamment dans les industries de l'Est de la France. Alors tout cela devrait rendre plutôt plus solidaires que moins ; la mémoire est trop souvent très courte.

Car il faut aller jusqu'à concevoir une organisation de la société capable d'aiguillonner, et de satisfaire au mieux, le besoin humain, fondamental s'il en est, de solidarité, de justice sociale et de créativité.

---

[65] OFCE : l'Observatoire français des conjonctures économiques.
[66] Elie Barnavi, La crise grecque, gouvernance européenne, Les Echos, 29 avril 2010.

La pauvreté est un mal chronique de la société humaine qui ne cesse de s'aggraver au fil des années. L'économie actuelle génère de plus en plus de pauvres. La pauvreté ne peut plus, ne doit plus, être considérée comme une simple insuffisance de ressources monétaires mais aussi comme de la pauvreté en conditions de vie. On a inventé même des indicateurs pour la pauvreté, 11 d'après *l'Observatoire de la pauvreté et de l'exclusion sociale*[67] ; mais existe-t-il vraiment une définition pour la pauvreté ? Pourtant la pauvreté se trouve autour de nous, en nous, à chaque instant où la dignité humaine est négligée ; elle est matérielle autant qu'intellectuelle.

De la même manière, comment mesurer l'exclusion sociale ? À nos yeux, c'est une rupture du lien social et de la cohésion de la société, c'est le non-accès aux droits fondamentaux qui aboutit à une, voire plusieurs formes de discrimination et d'inégalités, quelquefois irréversibles ! Et les contraintes pèsent toujours plus, notamment sur les jeunes générations et les personnes âgées.

Comment rapprocher les citoyens dans leur vie quotidienne, et en premier lieu les jeunes générations, afin de sortir de cette crise qui ébranle nos sociétés européennes ? Comment structurer par des moyens tangibles la vie politique et l'espace politique européen dans une Union élargie qui offre à tous les citoyens la possibilité de développer leurs talents indépendamment de leur statut économique et social ? Comment faire de l'Union un facteur de stabilisation et un repère dans le monde nouveau, afin de sortir d'un cycle vicieux de spéculation et de cupidité sans frein ? En fait, une question résume nos interrogations, comment combattre la pauvreté et l'exclusion sociale ?[68]

À ces questions qui, bien évidemment dépassent le seul cadre européen, nous tentons d'apporter quelques réponses qui ont certes le mérite d'être formulées, mais surtout nous pensons qu'elles ont le mérite d'apporter quelques débuts de solution, mais dont le pivot est une technique qui a déjà été utilisée, et avec un certain succès.

---

[67] Rapport de l'Observatoire national de la pauvreté et de l'exclusion sociale», 2005-2006.

[68] Ina Piperaki, Combattre la pauvreté et l'exclusion sociale : Un impératif pour la gouvernance européenne, 2010. Laurence Caramel, « La discrimination est facteur de pauvreté », entretien avec le secrétaire général d'Amnesty international, Sallil Shetty à New York, Le Monde, 22 septembre 2010.

Un nouveau système qui passe par l'annulation des dettes

Il y a une quarantaine de siècles les rois babyloniens pratiquaient déjà la remise totale ou partielle de dettes privées ; on sait avec certitude que Solon avait institué la « remise du fardeau » c'est-à-dire l'effacement des dettes privées ; l'évangile selon Saint-Mathieu[69] évoque déjà les annulations de dettes et condamne le prêt avec intérêts et montre ainsi que la remise de dette fait partie de la morale chrétienne : « *On lui en amena un qui devait dix mille talents. Comme il n'avait pas de quoi payer, son maître ordonna qu'il fût vendu, lui, sa femme, ses enfants, et tout ce qu'il avait, et que la dette fût acquittée. Le serviteur, se jetant à terre, se prosterna devant lui, et dit : Seigneur, aie patience envers moi, et je te paierai tout. Ému de compassion, le maître de ce serviteur le laissa aller, et lui remit la dette.* »

Au Moyen Âge les rois chrétiens prennent régulièrement des édits visant à annuler les dettes privées des chrétiens envers les juifs sous la pression de l'Église. En France, une ordonnance de 1234 remet aux débiteurs chrétiens le tiers de leur dette auprès des juifs qui ne pourront les faire saisir en cas de non-paiement. En avril 1240, Jean Ier, duc de Bretagne, décide d'annuler toutes les dettes contractées par les chrétiens envers les juifs. La première remise de dette publique eut lieu en 1290 en Angleterre, où Edward Ier, par l'édit « d'expulsion des juifs », efface une partie des dettes de la couronne envers ses créanciers juifs.

Ces diverses décisions d'abandon de dettes vis-à-vis des juifs perdureront jusqu'au XIXe siècle et toucheront tous les pays d'Europe. Ainsi, sous Napoléon, en 1802, le conseil d'État proclame l'abandon des dettes aux juifs pendant un an, et plus tard, le « décret infâme » de 1808 suspend pour 10 ans les dettes envers les juifs en Alsace[70] (30). Dans le courant du XIXe siècle, en Russie, en Pologne et en Ukraine, les pogroms permettront d'effacer une partie des dettes de la population par le massacre de leurs créanciers juifs. La problématique de la remise de dette reste donc imprégnée d'un affrontement entre chrétiens, à qui l'intérêt puis l'usure sont interdits, et juifs, pour qui les lois ne laissaient que peu d'autres professions dans l'ancienne Europe.

En 2009, l'Algérie a annoncé qu'il sera procédé à l'annulation de 41 milliards de dinars de dettes privées contractées par les

---

[69] Saint-Mathieu 18.
[70] Jacques Attali, Les Juifs, le monde et l'argent », Fayard, 2002.

agriculteurs et les éleveurs. En 2001, l'État algérien avait décidé d'annuler une dette de 14 milliards de dinars. Mais la mesure n'avait pas eu l'effet escompté ; en huit ans, la dette privée avait presque triplé. Près de deux années après sa promulgation en 2009, l'opération d'effacement des dettes des agriculteurs ne semble pas achevée pour l'ensemble des agriculteurs concernés. Elle serait même d'après des articles de presse de 2011, dorénavant refusée par le ministre[71].

Le principe de l'effacement des dettes provoque toujours beaucoup de commentaires critiques ; ainsi sur le site *ecobank.fr* on a pu lire que « *chacun est responsable des crédits ou dettes qu'il engendre. L'effacement des dettes est un acte qui engendrerait la faillite au système économique et bancaire. La solidité de banques se fragiliserait* ». À cela on pourrait facilement rétorquer que la faillite du système bancaire évoquée a été connue il n'y a pas si longtemps sans qu'elle fût provoquée par une quelconque annulation de dettes... et que la fragilité de la solidité des banques également rappelée, a été plus mise à mal par une spéculation éhontée que par autre chose ; de plus, si les banques ont été renflouées par l'argent public cela veut bien dire qu'il vaut mieux qu'une telle « réserve » existât, en clair, siphonner les citoyens à l'excès conduirait alors inévitablement à la faillite totale du système. Laisse-t-on des enfants de trois ans jouer avec des boîtes d'allumettes dans une station-service ?

Quel que soit le point de vue sur cette question, il y a des avantages et des inconvénients à une opération d'effacement ou d'annulation des dettes.

En ce qui concerne les avantages, on cite couramment le dégagement de nouveaux moyens financiers, une capacité d'investissement retrouvé et un éloignement du spectre de la faillite ce qui peut permettre aux créanciers de se faire rembourser une partie de leur dette.

Au plan des inconvénients, on dit souvent que l'annulation c'est la perte de confiance des futurs créanciers, un usage éventuellement immoral des fonds ainsi économisés par le débiteur, rajoutant même que ce serait une sorte de « prime » à l'irresponsabilité.

---

[71] Dna-algerie.com, Dernières nouvelles d'Algérie : http://dna.algerie.com/politique/42-interieure/1428-effacement-des-dettes-dagriculteurs-algeriens-le-ministre-dit-l-non-r.html

Et pourtant ne serait-ce pas, si ce n'est *la* solution mais *une* solution. Sinon, qu'elle serait-elle vraiment alors cette « solution » ?

Ainsi, dans le sérieux Cercle Les Echos, Gérard Thoris[72] a plaidé pour *« que les Banques Centrales effacent une partie des dettes étatiques qu'elles portent ou sont susceptibles de porter »*. Ce qui est bien la reconnaissance explicite de la faculté de recourir à un certain effacement de certaines dettes, ici étatiques, donc publiques.

Dans le même cercle, Dominique Doise[73] s'interroge pour savoir s'il convient de *« limiter la question du règlement des dettes aux seules dettes publiques ou faut-il l'étendre également à l'ensemble des dettes d'une nation et n'existe-t-il pas des modalités alternatives à la remise de dettes »*. Ce qui est bien la reconnaissance que la question mérite d'être posée ; elle semble d'ailleurs accréditer la première partie, il faut effacer ou annuler des dettes, tout en posant l'autre question à savoir, quelles dettes effacer ou annuler ?

Dominique Doise rajoute dans ce débat de la fin du mois de janvier 2011, quant à la référence biblique de la contribution de Gérard Thoris, « elle correspond à une évidence : lorsque le poids d'une dette devient insupportable il n'y a pas d'autres solutions que de l'effacer ». J'avais dans un article de 2008 sur la crise des *subprimes* fait une référence presque identique en relevant que Solon en Grèce, au VIe siècle avant notre ère, puis un siècle plus tard le législateur romain (les *Decemvirs*[74]), les religions du Livre, *« avait interdit ou limité les prêts sur gage lesquels, dans des économies de subsistance, avaient des conséquences sociales néfastes puisqu'elle entraînait dans les périodes de crise la confiscation des propriétés des débiteurs, puis leur mise en esclavage, sans permettre d'ailleurs l'extinction de la dette. »*

Ce dernier rajoute même, – traitant ainsi de la question de l'immoralité et de l'injustice, une interrogation fondamentale : *« Mais la moralité et la justice n'ont pas leur place dans les*

---

[72] Professeur à Sciences Po, auteur du « rapport moral sur l'argent dans le monde en 2010 », où il cite même le Deutéronome (l'Ancien Testament).

[73] Dominique Doise : avocat au barreau de Paris et chargé d'un enseignement sur les paiements internationaux en master 2 du droit du commerce international à Paris X, et auteur de nombreux articles de droit bancaire.

[74] Note des Auteurs : commission de 10 magistrats nommée en l'an 304 de Rome pour rédiger un code de lois.

mécanismes de remises de dettes et, de surcroît, n'y a-t-il pas eu dysfonctionnement des institutions européennes, notamment de la Banque Centrale Européenne, qui ont laissé se créer des bulles de crédit, alors que leurs missions leur imposaient de les prévenir ? »

Des siècles et des siècles après l'opération menée par Solon, d'éminents professeurs d'économie constatent que même si l'on procédait à une remise des dettes publiques, « l'effort qui pèserait encore sur les citoyens – actifs et retraités – resterait considérable dans les années qui viennent ».

C'est pourquoi nous persistons à penser que l'œuvre de Solon est à continuer, à répéter, voire à amplifier.

Seul un effacement, total ou partiel des dettes publiques comme privées, peut permettre de repartir sur de bonnes bases. Il est évident qu'il faut certainement différencier cet effacement en fonction des revenus des individus, des nations et des situations très diverses, mais sur le principe – ou la technique – il faut impérativement procéder à cet effacement ou à cette annulation.

Les bases d'une telle démarche devront être essentielles, sûrement très strictement encadrées, visant à la bonne – à tout le moins la meilleure – santé économique, financière, sociale et environnementale de l'ensemble des acteurs du monde, soit des citoyens, soit des États.

Bien que cela aux yeux de quelques-uns apparaisse comme trop facile et finalement injuste, nous sommes bien conscients de la complexité de la démarche que nous proposons de faire. Il y aura certainement une perte de la part des riches investisseurs, mais ainsi évitera-t-on peut-être une révolution[75] qui est incontestablement en germe, à tout le moins dont les indices sont évidents. L'Histoire a démontré que l'inégalité ne produit que « de la guerre ». Il s'agit donc d'un double sacrifice, une nouvelle *sisachtie,* afin de maintenir la concorde de la Cité, la cohésion sociale qui va sûrement garantir aux riches la continuité de leur train de vie et aux pauvres la continuité de la quête vers une meilleure fortune.

Car nul n'a oublié « les terribles programmes d'ajustement

---

[75] Sur la théorie « économique » de la révolution on peut lire Jean-Dominique Lafay, professeur à l'Université Paris I Panthéon Sorbonne (Les Echos du 3 mars 2011).

structurels que le FMI imposait dans les années 1980 à l'Afrique, à l'Amérique latine ou à l'Asie avec leurs cortèges de dégâts sociaux »[76]. Sur ce sujet, en 1998-1999, c'est l'Asie en pleine crise financière qui est passée sous les fourches caudines du FMI : « un coût social exorbitant » a déclaré alors le directeur général du FMI. Il est intéressant de remarquer qu'en 1998/1999, le directeur général du FMI était le français Michel Camdessus[77] et le directeur général adjoint, jusqu'à l'été 1999, Alassane Ouattara, qui a prêté serment en qualité de président de la République de Côte d'Ivoire le 4 décembre 2010.

Aujourd'hui après une très longue période ultralibérale baptisée « consensus de Washington » (libéralisation du commerce, dérégulations, privatisations, réductions des subventions sociales, etc.), le FMI ne souhaite plus être taxé d'affameur. D'ailleurs en 2010, une note de travail signée Olivier Blanchard, chef économiste du FMI, brise un tabou en proposant de relever le plafond de l'inflation jusqu'à 4 % au lieu de 2 %... Mais cela n'empêche pas des économistes comme Dominique Plihon (par ailleurs membre de l'association Attac) de dire, à propos de la Grèce que *le FMI aurait pu proposer de reporter les achats d'armement ou de placer au cœur des réformes le secteur informel qui représente environ un tiers de l'économie du pays et profite surtout aux classes favorisées »...* Cette remarque est d'autant plus juste que tout ce qui a été proposé par le FMI est dirigé, en Grèce mais c'est aussi valable à chaque nouvelle action du Fonds Monétaire International, contre les plus faibles, où les retraités grecs les plus démunis doivent « survivre » avec un minimum vieillesse fixé à 380 euros... alors que les profits des plus riches ne sont même pas écornés !

On veut bien croire à un « FMI transformé » mais où est la nécessaire cohésion sociale dont nous avons tant besoin ? Seule cette transformation de fond pourra pourtant redonner un élan salvateur.

Avec le Traité transatlantique[78] – accord de libre-échange entre les Etats-Unis et l'Union européenne, préparé en secret depuis une

---

[76] Laurent Chemineau, « Comment DSK a transformé le FMI », La Tribune, 3 mars 2011.

[77] Qui n'a pas hésité à déclarer « Etre chrétien c'est rechercher le bien public. Or la mission des institutions internationales est d'être au service du bien public international » propos de Michel Camdessus, recueillis par Henri Tincq, Le Monde, 16 janvier 2001, p. 16.

[78] *Transatlantic Free Trade Area (TAFTA)*

dizaine d'années – c'est la mise en place d'une gouvernance mondiale uniquement basée sur des normes marchandes qui est en préparation pour être applicable dès 2016.

Concrètement, le marché transatlantique s'instaure à travers des dizaines d'accords politiques signés entre les Etats-Unis et l'Union européenne et, pour certains d'entre eux, les parlements nationaux, lesquels concernent tous les domaines de la vie : travail, santé, alimentation… Le marché transatlantique uniformise tout ce qui est nécessaire à la libre circulation marchande - biens, services, investissements - d'un côté à l'autre de l'Atlantique, en choisissant de renforcer prioritairement la « libre-concurrence » et la compétitivité. Cela signifie que les marchés financiers et les firmes multinationales peuvent agir de plus en plus librement sur un espace géographique de plus en plus étendu. De notre point de vue humaniste les mots «libre-concurrence» et la compétitivité doivent être remplacés par les notions primordiales de la justice sociale, de la cohésion et du respect de l'humain.

D'une part, il renforce le pouvoir financier des multinationales alors que certaines d'entre elles sont déjà aussi puissantes que des Etats - *Toyota est plus riche qu'Israël, Walt-Mart plus riche que la Grèce, Exxon plus riche que l'Autriche, etc..* D'autre part, les accords transatlantiques font le choix de ne pas harmoniser les normes sociales, fiscales ou environnementales, instaurant ainsi une concurrence entre systèmes législatifs qui favorise les pratiques de *dumping*, au détriment des finances publiques, des conditions de travail, des salaires, de la santé et du bien-être général des populations.

Par cette extension géographique de la compétition économique, le marché transatlantique favorise les fusions et les acquisitions d'entreprises, donnant aux firmes multinationales un contrôle de plus en plus grand de l'économie et de la finance ; ce n'est pas à nier qu'en 2005, les 500 plus grandes entreprises contrôlaient déjà la moitié du commerce mondial, affaiblissant de nombreuses PME et d'indépendants.

Le 29 mai 2014, en contre-point s'est préparé l'accord sur l'Union économique eurasiatique signé entre la Russie, la Biélorussie et le Kazakhstan. A partir du 1er janvier 2015, l'Union économique eurasiatique pourrait commencer à fonctionner. Parmi les prochaines actions de l'Union figurent l'acceptation de l'adhésion de l'Arménie et la préparation d'une feuille de route pour adapter la législation de la Kirghizie. Le Vietnam a déjà exprimé son intérêt à la création d'une zone de libre-échange. Des consultations d'experts sont prévues avec Israël et l'Inde, ainsi que des pourparlers avec la Chine.

Selon Marianne[79], qui cite dans le quotidien « L'Humanité » du 24 juin 2014, encore un Nouveau Traité Commercial est négocié par une cinquantaine de pays, dont les Etats-Unis et beaucoup de pays européens. Prévu pour entrer en vigueur également en 2015 – sauf échec des négociations – le TISA[80] vise à favoriser une libéralisation toujours plus poussée du commerce des services : santé, transports, énergie, eau, etc. Il s'agit d'une négociation qui se déroule toujours dans le plus grand secret – mais dont Wikileaks en a révélé le 19 juin l'annexe – et qui risque d'aboutir à un accaparement du marché mondial des services par les Etats-Unis. En fait cet accord TISA c'est la mise en place d'une gouvernance mondiale basée sur des normes purement marchandes, et la possibilité de revenir sur quelques avancées régulatrices issues des conséquences de la crise financière de 2008.

En juillet 2014 les BRICS[81], qui, en s'associant de façon informelle mais en voie d'institutionnalisation, peuvent apparaître comme le premier défi sérieux à l'ordre international issu de *Bretton Woods*, au lendemain de la seconde guerre mondiale, montrant ainsi l'étendue de la guerre économique mondiale qui bat son plein en ce début de 21è siècle, en créant une future banque de développement et en envisageant un d'un fonds d'urgence de 100 milliards pour faire face aux crises financières dans lequel la Chine apporterait la plus grosse part. C'est en fait un système parallèle en germe. Ce qui fait s'interroger «Sommes-nous en train d'assister à la naissance d'un système alternatif à celui construit autour du Fonds monétaire international (FMI) et de la Banque mondiale ? La Chine a-t-elle décidé de réécrire les règles du jeu ? Rien n'est encore en place. Mais il est difficile de reprocher aux pays émergents de réfléchir en dehors des structures existantes : en réalité, les réticences occidentales – et en particulier celles du Congrès américain qui bloque la réforme du FMI – à faire évoluer

---

[79] *Marianne.net* du 25 juin 2014
[80] *Trade In Services Agreement*
[81] acronyme des cinq économies émergentes : Brésil, Russie, Inde, Chine, Afrique du Sud

les institutions internationales pour leur donner la place qui leur revient les y encouragent »[82].

Tour cela montre bien qu'une nouvelle gouvernance mondiale - ou plutôt de nouvelles gouvernances mondiales concurrentielles - que nous avions décrite par avant mais également appelée de nos vœux pour transformer le monde, est en marche. Mais est-ce bien celle-là, ou issue de celles-là, qui va nous permettre de changer de paradigme ? Va-t-elle se montrer plus solidaire ? Plus sociale et démocratique ? Rien n'est moins sur !

On constate qu'au Brésil, en Argentine, en Tunisie, en Egypte, en Grèce, en Italie, en Espagne, en Angleterre, aux Etats-Unis, au Canada, et en Australie – en fait partout dans le monde - des hommes se soulèvent, indignés, anonymes, un masque blanc sur le visage, un drapeau rouge à la main. Ils occupent l'espace public et appellent au respect de la dignité humaine et du simple bonheur humain. L'enjeu, c'est la place de l'homme dans la société et son épanouissement, un enjeu qui touche au plus profond notre humanisme.

Du point de vue des citoyens, c'est indéniablement clair que nous avons besoin d'une nouvelle gouvernance mondiale plus solidaire et recentrée à l'Homme et son environnement.

Une nouvelle gouvernance mondiale plus solidaire

C'est en fait d'une nouvelle gouvernance mondiale dont nous parlons et dont nous traçons les contours. Certes « gouverner c'est déplaire », mais pour revenir à la gouvernance des marchés financiers, en permettant aujourd'hui, à nouveau, à la finance de monter des marchés purement spéculatifs, déconnectés de l'économie réelle et des besoins fondamentaux de l'ensemble des femmes et des hommes, on a créé – et on va recréer – toutes les conditions d'une nouvelle et prochaine explosion. Ce sont les germes et les indices déclencheurs et catalyseurs de ce dont nous parlions plus avant.

Sachant que gouverner, vient du verbe grec (*kyverno*), qui signifie piloter un navire ou un char, et du verbe latin *gubernare* d'où vient aussi le mot gouvernail, on comprend bien tout le sens

---

[82]Sylvie Kauffmann : *Le Monde*, le 7 juillet 2014.

de ce mot. Il fut utilisé pour la première fois de façon métaphorique par Platon pour désigner le fait de gouverner les hommes ; parlant de la gouvernance mondiale, on se focalise bien sur la participation de la société civile aux processus de prise de décision au niveau européen, et on pourrait extrapoler au niveau mondial ! La gouvernance, c'est en fait, le gouvernement à plusieurs, c'est-à-dire quand la décision se partage entre diverses instances et centres de décisions, quand plus d'une seule personne détient le pouvoir et que chacun en possède une petite parcelle.

C'en 1999 que la Banque Mondiale en a donné une première et très intéressante définition : « la gouvernance recouvre les normes, traditions et institutions à travers lesquelles un pays exerce son autorité sur le bien commun, dans une optique de développement. Le niveau de capital social d'un pays peut aider à la réussite des plans de développement économique comme au développement de la démocratie. La bonne gouvernance recouvre aussi bien la capacité du gouvernement à gérer efficacement ses ressources, à mettre en œuvre des politiques pertinentes, que le respect des citoyens et de l'État pour les institutions, ainsi que l'existence d'un contrôle démocratique sur les agents chargés de l'autorité ». Peut-être y manquait-il juste une réflexion quant au pouvoir de l'argent, de l'argent qui corrompt, de l'argent qui rend cupide.

Déjà en 384 avant notre ère, Aristote a écrit des imprécations contre le pouvoir corrosif de l'argent notamment dans son *Éthique à Nicomaque*[83]. *Dans La Politique* il a également écrit que « *le commerce est une profession qui roule tout entière sur l'argent, qui ne rêve qu'à lui, qui n'a d'autre élément ni d'autre fin, qui n'a point de terme où puisse s'arrêter la cupidité* » ; on trouve également cette observation interrogative : « *quoi de plus odieux, surtout, que le trafic de l'argent, qui consiste à donner pour avoir plus, et par là détourne la monnaie de sa destination primitive ?* ». Aristote redoutait en définitive que l'argent n'en vienne à détruire la société en la pourrissant de l'intérieur… Il abordait ainsi pour la première fois la question du divorce possible, ou consommé, entre l'économique et le social.

Les problèmes de la gouvernance économique telle qu'elle se présente aujourd'hui, ne se limitent pas à la forme, assise

---

[83] Nicomaque, son fils.

principalement sur des règles, mais concernent aussi son contenu. Et est-ce que les règles actuelles inscrites dans la loi répondent aux besoins des marchés et des sociétés du XXIe siècle, où chaque décision d'un gouvernement est analysée dans ses avantages et ses inconvénients pour l'économie mondiale ? Tout cela est-il bon pour l'ensemble des acteurs – les États mais aussi les citoyens ? C'est la question essentielle qui doit faire sens pour un ordre social plus juste et plus décent. Nous sommes ainsi ramenés à la question : qu'est-ce qu'un ordre social juste et décent ?

L'enjeu est clair : il s'agit, tout simplement pourrait-on dire, de garantir l'avenir de l'Homme ! La question est éthique, c'est-à-dire morale, mais relève aussi d'un réalisme lucide : le monde ne sortira pas de la crise en laissant sur le bord de la route l'essentiel de la communauté internationale. Ces constats doivent fonder notre mobilisation collective, pays riches et pays pauvres, associations et acteurs publics, pour une solidarité neuve, pour une nouvelle notion de « gouvernance ».

Par exemple, les marchés et un ensemble croissant d'économistes s'inquiètent des mesures d'austérité radicale imposées à la Grèce et plus récemment au Portugal[84], désormais généralisées à l'ensemble de l'Europe, qui pourraient à leurs yeux retarder le retour à la croissance, mettre en péril le rétablissement, et même amener une déflation dans la zone euro. Il est clair qu'il faut aborder l'économie de l'Union Européenne notamment avec une approche « holistique » ; du grec *holos*, entier, au sens de ramener la connaissance du particulier, de l'individuel, à celle de l'ensemble du tout dans lequel il s'inscrit. Cela en considérant l'interaction, interférence comme dépendance, entre les différents modèles de croissance et de compétitivité des États membres ainsi que la série complète des facteurs économiques qui permettent pour chacun d'eux une croissance viable – y compris la productivité, le coût unitaire du travail, le taux d'emploi, la consommation, les déficits, le profil industriel, l'investissement

---

[84] Avec des taux d'intérêt proches de 8 % et une dette publique équivalant à 90 % du PIB, le premier ministre José Socrates a démissionné le 23 mars 2011 après le vote négatif du parlement sur un énième plan d'austérité. « Ce sont des plans qui permettent de sauver l'euro et de préserver les intérêts des créanciers au prix d'une véritable saignée économique et d'une sévère mise sous tutelle des pays qui y souscrivent », voir commentaire de Laurent Pinsolle : « Le Portugal n'est pas dupe du plan de sauvetage européen », 28 mars 2011, source : http://www.marianne2.fr.

dans la formation permanente et la structure du marché du travail.

C'est pourquoi il faut être solidaire, et s'impliquer davantage dans les règles de justice sociale, de lutte contre la pauvreté matérielle et intellectuelle et concevoir un nouveau modèle de société.

En fait, il faut faire une réforme identique à celle engagée au moment de l'Age d'Or d'Athènes, en s'inspirant d'exemples comme Solon et Périclès. Une nouvelle façon de gouverner demande à être inventée. La question des remises totales ou partielles des dettes, publiques et privées, s'inscrit totalement dans cette démarche. C'est une vraie révolution au fond des faits et des mentalités, mais plus encore, une vraie réforme profonde et durable que nous proposons aujourd'hui. En cela on se retrouve en plein accord avec Solon.

De la quête du bonheur à la cohésion sociale

Plutarque relatant l'entrevue de Solon et de Crésus, prince richissime, écrivait que « *Crésus prenait Solon pour un homme grossier et stupide, qui, au lieu de mesurer le bonheur sur la quantité d'or et d'argent qu'on avait, préférait la vie et la mort d'un simple particulier à une si grande puissance et à un empire si étendu.* » Par un retournement de l'Histoire, au seuil de sa mort, Crésus dit alors que Solon l'avait « *averti d'envisager la fin de sa vie, et de ne pas s'enfler d'orgueil par une confiance présomptueuse en un bonheur incertain* ».

Alors, si la commission Stiglitz[85] qui fut chargée en 2008 par le Président Sarkozy de mesurer la performance économique et le progrès social, eut à répondre à l'interrogation de savoir si le bonheur peut se mesurer avec des critères économiques par la négative, elle définit que mesurer le bonheur, qui n'est pas en soi mesurable, mais que ses approximations, que sont le bien-être et la qualité de la vie, le sont assurément. Jean-Paul Fitoussi, citant Jacques Prévert qui avait écrit « *on reconnaît le bonheur au bruit qu'il fait quand il s'en va* », a bien montré que l'ambition de la commission était plus large, car on touche à la démocratie. Il rajoutait que « *depuis dix ans, nous constatons une dissociation croissante entre la mesure statistique de la réalité et sa perception.*

---

[85] Commission Stiglitz : du nom du prix Nobel d'économie en 2001. Stiglitz Joseph E., Sen Amartya, Fitoussi Jean-Paul, Rapport de la Commission sur la mesure des performances économiques et du progrès social, 14 septembre 2009.

Car la mesure est une moyenne de moins en moins pertinente lorsque les inégalités augmentent ». Citant John Maynard Keynes qui pensait que « l'amour de l'argent » était névrotique, on se retrouve alors en parfaite symbiose avec la pensée d'Aristote dont nous avons parlé plus avant.

Une névrose associée à un désir immodéré de cupidité monétaire conduit inévitablement au mieux à une stratification de la société, et au pire à un éclatement complet de celle-ci. C'est pourquoi, dans son livre *La nouvelle écologie politique* Jean-Paul Fitoussi[86] montre bien que l'origine de la crise actuelle se trouve dans le creusement des inégalités. « *Si ceux qui dépensent tout ce qu'ils gagnent voient leurs revenus stagner et ceux dont le revenu est trop élevé pour qu'ils puissent le dépenser voient leurs revenus augmenter, la demande globale devient insuffisante et il n'y a d'autre solution que le recours à l'endettement des moins favorisés* ». Et chacun sait bien que de l'endettement au surendettement[87] il y a parfois, voire souvent, une simple séparation mince et poreuse. C'est bien pour cette raison que nous sommes très attentifs à ce sujet, l'endettement, et que nous focalisons nos propositions pour sa réduction drastique et durable.

Jean-Paul Fitoussi cite également une autre conséquence, à savoir un déficit permanent des systèmes de protection sociale essentiellement alimentés par des prélèvements sur les salaires dont la part a tendance à baisser un peu partout dans le monde. Rajoutant alors que « *lorsque les inégalités sont trop prononcées, les catégories défavorisées ne peuvent plus se projeter dans l'avenir et donc investir, notamment dans l'éducation des enfants. La société devient ainsi d'autant moins efficace que les inégalités à l'intérieur d'une même génération débouchent sur des inégalités entre générations* ».

Crésus et Solon sont ainsi réunis, symboliquement, une nouvelle fois à travers un rapport économique où figurent en grosses lettres les mots « *progrès social*, « *soutenabilité* », *qualité de vie, bien-être social...* ». Ce sont plus que des signes, des indices !

---

[86] Jean-Paul Fitoussi, La nouvelle écologie politique, Éditions du Seuil, 2008.
[87] Sur le surendettement des ménages en France, procédure due à la loi de Véronique Neiertz du 31/12/1989 (prévention et accompagnement des personnes victimes de surendettement) à la loi de Jean-Louis Borloo du 01/08/2003 (création de la procédure de rétablissement personnel), procédures d'effacement des dettes dont le secrétariat est confié depuis l'origine à la Banque de France.

Rien ne peut être pardonné par le peuple grec

Voilà pourquoi le peuple grec a dit "non" au référendum du dimanche 5 juillet 2015 ! Voilà pourquoi l'Europe depuis la fin du mois de juillet dit « No, ThisIsACoup" (« Non, c'est un coup d'État ! »). Le peuple grec a dit "non" à un crime contre la démocratie au sens le plus pur.

Tout commence par la réalisation du crime, impardonnable, qui écrase l'individu, le groupe, la nation, les nations, l'humanité. Nous assistons aujourd'hui à une situation qui nous rappelle des pratiques honteuses d'un autre âge. La Grèce est un petit pays qui se trouve depuis six ans au cœur d'une situation « impardonnable », philosophiquement et concrètement. La Grèce d'aujourd'hui, comme celle de toujours, n'est ni celle des oligarques, ni celle de la diaspora des armateurs, ni celle des nouveaux riches qui contrôlent les médias, ni celle de quelques familles politiques qui ont abusé du pouvoir pendant de trop longues années et qui font que les Grecs sont montrés du doigt.

La Grèce d'aujourd'hui, comme celle de toujours, c'est celle de la classe pauvre et ouvrière, de la classe moyenne et un peu bourgeoise, une Grèce qui a toujours su mener le combat pour la dignité, les valeurs humanistes et la liberté. Ses onze millions d'habitants sont des citoyens ordinaires qui ont démontré qu'ils savent serrer les dents et avancer, faire face à toute forme d'oppression et qui ont toujours su mener le bon combat afin d'éviter de se soumettre à qui que ce soit. Et dans leur Histoire, il y a des exemples indéniables qui relèvent de l'héroïsme et de la prise de conscience de moments qui feront date. Aujourd'hui encore, le peuple grec se trouve à cette croisée des chemins, d'idées et de réalités qui réclament de l'action.

De cette Histoire émergent des grandes figures qui ont créé un chemin qui passe par le mystère et le mythe démiurge de la tragédie, va de l'abstrait au théorème, de la tribu à l'agora de la cité, de l'aristocratie à la démocratie, du verbe inexprimable à la philosophie, de la simple observation à la médecine d'Hippocrate.

La nouvelle tragédie grecque commence avec quelques politiciens qui ont, pour leur profit, trahi et privilégié le modèle économique d'une finance avide, spéculatrice et brutale, qui "*achète au plus bas pour vendre au plus haut*". Cela veut dire ici provoquer la misère des plus faibles pour s'enrichir à leur détriment.

À part la trahison interne, c'est tout le système actuel qui est en cause mais qui brandit l'arme d'une dette et d'une crise "fabriquées", l'arme fatale pour la vie d'une nation. Le « système » a besoin d'un exemple, d'une victime expiatoire, pour faire peur aux autres, afin d'imposer une domination absolue qui devient la seule gouvernance possible et la seule « vérité » de ce monde. La méthode, c'est d'abord la stigmatisation d'une nation : « *Les Grecs sont paresseux, voleurs et menteurs ! Ils incarnent tout ce qu'il y a de blâmable dans les sociétés civilisées d'Occident !* ». Bien évidemment, si l'on cherche un peu plus loin, on constate que la Grèce, d'après les statistiques de l'OCDE pour l'année 2014, est le pays - après la Corée - qui travaille le plus et de loin que tous les autres pays dits occidentaux. Si l'on cherche un peu plus encore, on relève que les grecs doivent payer non seulement les impôts de l'année en cours mais également 50% de ceux de l'année à venir. Et s'il y a eu des mensonges pour entrer dans la zone euro, ils ont été commis par un premier ministre qui a falsifié les statistiques et qui, le même jour, jouait des CDS avec l'aide de la banque Goldman Sachs qui prenait part à la faillite du pays tout en s'enrichissant sur son dos. Et un autre excellent premier ministre falsifiait également les statistiques avec la complicité du Président de l'Institut national des statistiques en Grèce, en augmentant artificiellement le déficit public de 9,8% à 15,8% afin de provoquer par ce biais la venue du FMI dans la danse.[88]

Ensuite, après la stigmatisation, le fruit était mûr pour la ruine de la crédibilité d'une nation, faisant du mot "grec" non pas un synonyme de démocratie ou de philosophie mais de désarroi.

---

[88] Le Président de l'Institut national des statistiques en Grèce, qui a commis cet acte criminel, a été licencié fin juillet 2015 par l'ex-ministre de l'économie Yanis Varoufakis. C'était la dernière décision qu'il a signée avant de quitter son poste, acte symbolique qui met en lumière probablement une nouvelle ère politique.

On arrive alors à la phase « *du crime commis* » : « *Nous allons par solidarité vous aider à en sortir!* » Quelle hypocrisie ! « *Nous allons, par le biais d'un programme de « sauvetage » vous faire payer votre insouciance, votre incapacité, votre lassitude. Nous allons vous aider, pour nous enrichir et faire de larges profits sur votre dos. Nous allons emprunter à un taux négatif de -0,5% et nous allons vous prêter à un taux d'intérêt de + 6,5% ! «* .

Et le crime ne s'arrêtera pas là puisque ces « sauveurs » savaient que cela plongerait le pays dans un cercle vicieux d'où il ne sortirait jamais. Les « sauveurs » de la Grèce ont voulu étrangler la démocratie et la souveraineté nationale par l'interventionnisme d'une caste technocratique sans patrie mais portant pour l'occasion le chapeau allemand.

Face à cette agression, les Grecs ont dit « non » avec courage et solidarité à une guerre dite « économique » mais qui s'apparente à une guerre ordinaire, avec des armes invisibles, changeantes et manipulées par un ennemi multiforme rendant la défense quasi impossible.

Résultats de cette guerre effrayante : 6000 suicides en deux ans, la moitié des petites et moyennes entreprises fermées, un chômage qui touche les 29% de la population active et qui atteint 60% pour les jeunes générations, un système de santé au bord de la ruine, une nouvelle vague d'émigration sans précédent depuis la seconde guerre mondiale, une mortalité infantile en explosion. La dignité humaine est gravement bafouée.

L'Europe, certes divisée, a failli à sa mission. La Grèce a été considérée comme le laboratoire expérimental d'un système diabolique. Alors pourquoi "Rien n'est pardonné" ? Parce que les grecs ont été confrontés dans l'Histoire de l'humanité à ces questions : quand on raye pratiquement de la carte une nation, qui va demander le pardon et qui va l'accorder ? Et est-ce moralement acceptable de l'accorder ? Peut-on pardonner sans oublier ? Mais comment pourrait-on pardonner à qui ne demande pas pardon ?

Cette question du pardon présuppose alors une symétrie : la demande de pardon par l'un, et puis l'acte de l'accorder ou de le refuser par l'autre. Cette solitude à deux, dans la scène du pardon, est imprégnée par la logique du « donner-prendre ». Par ailleurs, demander à être pardonné, c'est reconnaître qu'il faut d'abord s'excuser.

Dans la langue grecque le mot pardon n'existe pas, ni pour Jacques Derrida d'ailleurs, à qui l'on se réfère ici et qui a su constater, lors d'une de ses conférences à Athènes, cette particularité. En essayant d'être fidèle à cet héritage, à cette langue qui évolue depuis plus de 4000 ans par la force de l'usage d'un peuple "différent", une explication peut-être proposée.

En langue grecque, on ne demande pas « par-don » mais on demande "συγγνώμη". Cela provient de συν(γ)+γνώμη, "συν" = plus, avec et "γνώμη" = avis, opinion. Cela veut dire qu'au lieu de demander pardon, on affirme à quelqu'un que l'on est prêt à changer d'avis, que notre compréhension des faits pour des actes commis n'a pas été la bonne. Par conséquent, on est disponible pour le point de réconciliation, un espace commun où les opinions différentes peuvent se retrouver. Le mot "γνώμη" provient du verbe "γιγνώσκω", cela veut dire "connaître" ou "reconnaître".

On est conscient qu'il s'agit d'un échange mais dans lequel les deux interlocuteurs se rejoignent, malgré la reconnaissance d'une faute commise par l'un des deux, sur un même pied d'égalité et sans intermédiaire. Le pardon est-il le propre de l'homme ou le propre de Dieu ? En langue grecque c'est plutôt une affaire humaine.

Quand on accorde le « par-don », on dit "συγχωρώ" (συγχωρῶ - συγχωρέω). L'étymologie du mot signifie : «*Je marche vers quelqu'un dans la même direction*». Cela veut dire lui accorder "συγχώρεση", créer un espace afin que son opinion trouve une place à côté de la mienne. "συγχωρώ", c'est avoir la grandeur d'âme de créer l'espace où « le passé tient dans le présent ! » On n'oublie pas mais on a la magnanimité de l'acceptation. Pour que quelqu'un accorde le pardon, il faut que quelqu'un reconnaisse qu'il a commis une erreur ou un parjure et qu'il s'excuse ...est-ce le cas aujourd'hui dans la situation grecque ?

Pas du tout ! Six ans de crise ont été suffisants pour effacer l'Europe que l'on connaissait, l'Europe qui fût créée pour construire la paix et la solidarité entre ses peuples, après les maux dévastateurs de la seconde guerre mondiale. C'est malheureusement la troisième fois en cent ans que les dirigeants d'un même pays divisent l'Europe et le monde, créent le chaos afin d'imposer une suprématie, économique cette fois, et une vision idéologique, favorisant des procédés qui ruinent la démocratie, la paix et la vie elle-même.

La Grèce a été soigneusement stigmatisée pendant des années, devenant le bouc émissaire idéal, puis affaiblie économiquement et moralement, en utilisant la nouvelle arme mortifère qu'est "la dette fabriquée", avant l'écrasement total et la disparition de la souveraineté.

Le 12 juillet 2015, le ministre allemand de l'économie, le Dr. Wolfgang Schäuble proposait le plus sérieusement du monde, et par écrit, le transfert des avoirs publics grecs pour un montant de 50 milliards d'euros à un fond de gestion luxembourgeois en guise de gage, sous prétexte d'être mieux « contrôlé » par les instances européennes. Quelques heures plus tard, on découvrait que ce fond serait présidé par…le Dr. Schaüble ! Ce dernier demandait en outre que les trois lois votées depuis le début du mandat du nouveau gouvernement grec d'Alexis Tsipras, en faveur du peuple et pour affronter la crise humanitaire, soient annulées sans tarder et que, deux jours plus tard, le Parlement grec soit sommé de voter toute une série de lois afin que le pays, pris en otage par la fermeture des banques, soit « sauvé ». Il fallait que personne n'envisage, parmi les peuples européens, de voter en faveur du respect de la souveraineté nationale. Comme si les peuples n'avaient pas le droit de voter selon leur propre volonté.

Comme si le projet réel était de substituer à la démocratie des peuples pour les peuples et par les peuples, une dictature financière oligarchique et médiocre, technocratique et bureaucratique qui coûte une fortune aux contribuables européens. Comme si la *res publica* devait devenir une *res economica.*

Le peuple grec attendra, autant que Jankélévitch, un pardon qui
n'arrivera jamais ;

(....) demander pardon! Nous avons longtemps
 attendu un mot, un seul mot de compréhension et
 De sympathie...l'avons-nous espéré, ce mot fraternel !
" *L'Imprescriptible", 1967*

Alors, Rien n'est pardonné, car rien ne peut être pardonné ! Car
il faut que quelqu'un le demande. Alors, le pardon non seulement
n'a pas été demandé pour six ans de violation inédite de la
démocratie et des droits de l'Homme et du Citoyen, de l'explosion
de la pauvreté, de l'effacement de la valeur et de la dignité
humaine, mais on est même arrivé à imposer des mesures encore
plus dures, des cures d'austérité encore plus lourdes qui ont fait,
en une nuit, ce que tout le monde a alors appelé *"ThisIsACoup"* !
C'est un coup d'État non seulement contre la Grèce, qui est
l'Iphigénie sacrifiée en faveur du prosélytisme vers un nouveau
dogme d'absolutisme oligarchique, mais également un coup très
dur contre l'Europe des pères fondateurs, contre la construction
longue, périlleuse et difficile de la Maison commune, en abolissant
l'effort en commun et en effaçant l'espoir et la volonté de ses
peuples.

Nous pouvons avoir bien entendu des idées très différentes, des
regards sur la réalité qui divergent et nous avons le droit de vivre
ensemble nos différences, mais nous n'avons pas le droit d'imposer
un modèle idéologique oligarchique et anti-démocratique d'une
pseudo-gouvernance qui oublie les peuples.

Conclusion

« *Rien de trop* » était la devise de Solon. Sa philosophie de vie est aussi résumée dans cette autre phrase : « *Aidant les pauvres, juste envers les gens prospères, en haut ainsi qu'en bas, j'ai placé l'équité.* » Comment équitablement mesurer le sourire aux lèvres des enfants, le soulagement des handicapés et des gens défavorisés qui ont besoin de notre présence ?

Comment évaluer « le confort » de vivre harmonieusement en société, et comment mesurer la sécurité humaine des citoyens du monde ? Faudrait-il inventer, ou réinventer, des indicateurs pour mesurer le bonheur, l'égalité sociale, la fraternité humaine et la liberté de tout être au niveau planétaire ? Faudrait-il œuvrer de la sorte pour que chacun citoyen prenne du plaisir dans sa vie de tous les jours ? Faudrait-il travailler pour l'avènement d'une ère où la qualité « balayera » la fausse valeur de la quantité ? [89]

Le message humanitaire et humaniste doit être enfin écouté ; c'est la première fois que les rapports économiques et scientifiques parlent de la nécessité « *de l'invention d'une nouvelle croissance qui privilégie non le chiffre mais le bien-être humain* ». Les Hommes ont souffert sur Terre et dans l'Histoire, ils souffrent encore énormément aujourd'hui sur notre planète. Si comme l'enseigne la tragédie grecque « on comprend mieux après avoir souffert »[90], cette souffrance doit nous conduire à comprendre le monde pour tendre au bonheur humain.

Sur les traces de Solon, pour une nécessaire réforme mondiale et une vraie et durable sortie de crise, nous avons placé nos pieds dans les empreintes qu'il a laissées ; pour aller vers plus de démocratie, plus de solidarité sociale et un meilleur partage des biens et des richesses, parce qu'il n'apparaît pas d'autre solution durable, humaniste et sociale, il est impératif de pratiquer une remise totale ou partielle des dettes, publiques et privées, une réforme profonde des faits et des mentalités, ce que nous appelons un changement profond de paradigme.

---

[89] Ina Piperaki « A-t-on vraiment un message à adresser aux nouvelles générations dans ce cadre actuel d'une profonde crise morale et économique ? », Conférence Méditerranéenne, Venise, novembre 2009.
[90] « Apprendre en souffrant », Eschyle (Agamemnon, 177).

Le désintérêt que les citoyens des différents Etats portent à la construction sociale, et à l'avènement d'une nouvelle ère sociopolitique et économique, ne peut être surpassé que s'ils ont le sentiment de participer à la construction d'une œuvre commune réelle, pragmatique, tangible. Pour cela, une politique sociale tendant à rapprocher les peuples, et ne plus les mettre en concurrence, doit être mise en œuvre. Ce projet commun doit être conduit dans la transparence et la responsabilité, ce qui implique notamment que le rôle et les pouvoirs de toutes les instances nationales et transnationales soient redéfinis.

Ce projet commun aujourd'hui doit nous permettre d'accueillir le plus solidairement et fraternellement possible toutes les populations de réfugiés des guerres, du terrorisme et dès la barbaries totalitaires.

Chaque citoyenne, et chaque citoyen, a un rôle à jouer dans la société où tous les acteurs doivent coopérer pour assurer le bien-être commun. Nous vous proposons de relever le pari « d'humaniser la société », afin de préserver les libertés civiles, les acquis démocratiques de bien des combats d'hier. La méthode choisie consiste à partir des contradictions de la mondialisation pour dégager un triple objectif : *résister* à la déshumanisation de nos sociétés, *responsabiliser* les titulaires du pouvoir et *anticiper* sur les risques à venir[91].

Notre civilisation se caractérise par une quête insatiable de modernité technique, par l'utilisation de technologies perpétuellement renouvelées. Le nouvel humanisme que nous proposons, érigera, au contraire, les valeurs éthiques en clé de voûte des objectifs sociaux, en fondement d'une rationalité économique gouvernant l'ensemble des choix techniques. Les techniques devront être choisies en fonction de normes éthiques et esthétiques, et non simplement en termes d'efficacité économique. A la modernité technique ou technologique, définies par l'originalité de la technologie, devra se substituer, dans le nouvel humanisme, *une modernité éthique.*

Le nouvel humanisme que nous soutenons doit trouver le moyen de construire une civilisation démocratique, tolérante et

---

[91] Mireille Delmas-Marty « résister, responsabiliser, anticiper : ou comment humaniser la mondialisation », Seuil, 2013.

efficace pour l'humanité entière et pour chaque être humain en particulier, dans le respect de la nature. Ce moyen est le dialogue entre les peuples, de même qu'entre les peuples et la nature. Le nouvel humanisme reposera sur un dialogue permanent, constructif, heureux et englobant la totalité de l'humanité.

Et pour conclure nous citerons José de Sousa Saramago[92], écrivain et poète portugais engagé, qui concernant le système dit néolibéral a écrit : « l'alternative au néolibéralisme s'appelle Conscience » ; nous complétons son propos par « Conscience Citoyenne » ...

« J'ai rédigé des lois égales pour les nobles et les roturiers, fixant pour chacun une justice droite. »

Solon

---

[92] *José de Sousa Saramago est un* écrivain *et* journaliste *portugais, né le* 16 novembre 1922 *à Azinhaga (Portugal) et mort le* 18 juin 2010 *à Lanzarote (*îles Canaries, Espagne*)[]. Il est le seul Portugais auteur* lusophone *à avoir reçu le* prix Nobel de littérature, *en 1998.*

Bibliographie

Livres

Aristote, Constitution d'Athènes, traduction Prof. B. Haussoulier, Emile Bouillon, Paris, 1890.
Catherine Kintzler, *Qu'est-ce que la laïcité ?*, Paris, Vrin, 2008.
E. Babelon, *Les Origines de la monnaie*, Cambridge Mass., 1905.
Hésiode, *Les travaux et les jours.*
Ina Piperaki et Jean-Michel Reynaud, « Un chemin en quête de vérité : philosopher du Temple à l'Agora », Éditions Bruno Leprince 2011
Jacqueline de Romilly et Monique Trédé, *Petites leçons sur le grec ancien*, Stock, 2008.
Jacques Attali, *Les Juifs, le monde et l'argent* », Fayard, 2002.
Jacques Derrida, « Pardonner : l'impardonnable et l'imprescriptible », Editions Galilée, 2012.
Jacques Dufresne, *La vie de Solon par Plutarque, extraits commentés.*
Jean-Michel Reynaud et Alain Simon, *Laïcité, la croix et la bannière*, Editions Bruno Leprince, 2005.
Jean-Michel Reynaud, « L'intelligence économique dans la crise » dans *Repenser la planète finance : regards croisés sur la crise financière*, Le Cercle Turgot, sous la direction de Jean-Louis Chambon, Les Echos Editions et Groupe Eyrolles », 2009.
Jean-Michel Reynaud, *Laïcité, centre de l'Union*, L'Encyclopédie du socialisme, 2003.
Jean-Paul Fitoussi, *La Nouvelle Écologie politique*, Le Seuil, 2008.
Jules Bathélemy-Saint Hilaire, *Aristote et l'Histoire de la Constitution Athénienne*, Paris 1891.
Louis Aimé-Martin, *Moralistes anciens* (choix), Lefèvre et Chapentier, Paris, 1844.
Maurice Druon, *Le pouvoir*, (Notes et maximes), Hachette, 1964.
Plutarque, dans *Vies parallèles,* Valerius Publicola et Solon.
Paul Krugman, « Sortez-nous de cette crise... maintenant ! », Flammarion 2013
Thomas Piketty, « Le capital au XXIème siècle », Le Seuil 2013

Articles, conférences et rapports

« Le Cercle Les Echos », janvier 2010, http://lecercle.lesechos.fr
« Les députés européens pour une taxe "Tobin" », *Les Echos*, 9 mars 2011.
Catherine Chatignoux, « Le débat sur la gouvernance économique divise les institutions européennes », *Les Echos,* 7 juin 2010.

Elie Barnavi, « La crise grecque, gouvernance européenne », *Les Echos*, 29 avril 2010.

Ina Piperaki « *A-t-on vraiment un message à adresser aux nouvelles générations dans ce cadre actuel d'une profonde crise morale et économique ?* », Conférence Méditerranéenne, Venise, novembre 2009.

Ina Piperaki, « La nouvelle colère des dieux grecs », sur la situation actuelle de la Grèce, en ligne le 6 novembre 2010 ; Mezetulle : blog de Catherine Kintzler.

Ina Piperaki, *Combattre la pauvreté et l'exclusion sociale : Un impératif pour la gouvernance européenne*, 2010.

Jacques Rancière « La démocratie est née d'une limitation du pouvoir de la propriété » interview publié par *Alternative libertaire.*

Jean-Michel Cedro, « Dossier : Europe : vers une nouvelle gouvernance », *Les Echos*, 29 septembre 2010.

La mondialisation : faut-il s'en réjouir ou la redouter ?, préparé par les services du FMI, 12 avril 2000.

Laurence Caramel, « La discrimination est facteur de pauvreté », entretien avec le secrétaire général d'Amnesty International, Sallil Shetty à New York, *Le Monde*, 22 septembre 2010.

Laurent Chemineau, « Comment DSK a transformé le FMI », *La Tribune*, 3 mars 2011.

Laurent Pinsolle, « Le Portugal n'est pas dupe du « plan de sauvetage » européen », 28.3.2011, Source : http://www.marianne2.fr

Pierre Jacquet, Jean Pisani-Ferry et Laurence Tubiana, *Rapport sur la Gouvernance mondiale*, 23 mai 2002.

Rapport de l'Observatoire national de la pauvreté et de l'exclusion sociale, 2005-2006.

Stiglitz Joseph E., Sen Amartya, Fitoussi Jean-Paul, *Rapport de la Commission sur la mesure des performances économiques et du progrès social*, 14 septembre 2009.

Thomas G. Weiss, Tapio Kanninen, and Michael K. Busch, "*Sustainable Global Governance for the 21st Century. The United Nations confronts economic and environmental crises amidst changing geopolitics*", *Dialogue on Globilization*, N° 45, September 2009.

Vivien A. Schmidt, « Quelle gouvernance pour l'Europe ? », *Les Echos*, 19 juillet 2010.

Sites internet

Dna-algerie.com, *Dernières nouvelles d'Algérie :*
http://dna.algerie.com/politique/42-interieure/1428-effacement-
des-dettes-dagriculteurs-algeriens-le-ministre-dit-l-non-r.html
wikipedia.org/wiki/Sept_sages
wikipedia.org/wiki/Solon

Livres co-écrits par les mêmes auteurs

L'effacement des dettes, une solution à la crise mondiale,
L'exemple de Solon dans la Grèce antique
Café république/ Bruno Leprince, 2011

Un chemin en quête de vérité,
Philosopher du Temple à l'Agora
Editions Bruno Leprince, 2011

Livres écrits par les mêmes auteurs

Dr. Ina PIPERAKI

A la recherche d'un Humanisme renouvelé, de El Greco à Nikos Kazantzakis,
RAD Tribuna Plural, la Revista Científica, Monográfico Núm. 1, 2/2014
Reial Acadèmia de Doctors de Barcelona, Universitat de Barcelona, *2014*

Le dictionnaire de la laïcité,
Ouvrage collectif, Editions Armand Colin, 2011

La laïcité et l'orthodoxie sont-elles compatibles ?
Publication de l'Université libre Méditerranée René Cassin, 2009

« Ouverture des états Généraux de la laïcité en Europe»
Annales du Colloque de l'Observatoire International de la Laïcité,
la Société des Gens de Lettres - Hôtel de Massa, Paris, France, 2011.

Rédaction des annales de la Conférence :
Identification des différences culturelles qui empêchent la création d'un espace communautaire en Méditerranée, Athènes, 2006

Livres écrits par les mêmes auteurs

Jean-Michel REYNAUD

Le Compas d'équerre
Combats pour la liberté de conscience
Avec Alain Simon, éditions Bruno Leprince, Editions 2014, 2015

Agnosticisme et Laïcité,
Publication de l'Université libre Méditerranée René Cassin, 2009

Repenser la planète finance, article :
L'intelligence économique dans le contexte de la crise
Editions Les Echos/Eyrolles, 2009

République et franc-maçonnerie
Éditons Bruno Leprince, 2002

Laïcité, la croix et la bannière
Avec Alain Simon, Éditons Bruno Leprince, 2005

La laïcité centre de l'Union
L'encyclopédie du socialisme, 2003

Chroniques d'un citoyen ordinaire
Éditons Bruno Leprince, 1997